男はなぜ急に女にフラれるのか？

姫野友美

JN263936

角川oneテーマ21

目次

第1章　女はやっぱり怖い生き物だった⁉
――痛いしっぺ返しを食う前に男が知っておくべきこと

第3章

なぜ女は美しさに縛られどうして男はひきこもるのか?
——男と女の行動を縛っているものはいったい何?

第4章

男の人生と女の人生はなぜこうも擦れ違うのか？

——現代社会で男女がお互いに幸せを築いていける道は？

まえがき

●風邪？　じゃ、オレの夕飯は？

女という生き物は、男が与《あずか》り知らないことで不満や怒りをため込んでいることが多い。特に厄介なのは、男にとっては何の問題も感じられないような何気ない言葉や行動が非難の的になっている場合が少なくないことだ。

ある主婦は言った。

「先生、聞いてください。先日風邪をひいて、だいぶ熱が高かったので『ちょっと具合が悪いんだけど……』と主人に訴えたんです。そうしたら、返ってきた言葉が『じゃ、オレの夕飯どうするんだ』……。私、耳を疑いました。信じられます？　ウチの主人にとっては私の体調よりも自分の晩ご飯のほうが大切なんですよ」

この訴えを聞いた私はこう答えた。

「なるほどね、気持ちはよくわかります。でも、きっとご主人はあなたのことを心配していないわけではないと思います。ただ単にあなたが病気でご飯がつくれないなら、じゃあ、『夕飯』といういつものスケジュールをどうやってこなそうかと聞いてきただけだと思います。別に他意はないはずです。男の人の脳って、そういうふうに物事を捉《とら》えるようにできているんですよ」

そう。男にとっては何の問題もないことなのだ。

男の思考回路は、何らかのトラブルが生じたなら、ではスケジュールをどう変更してそのトラブルを解決しようかと動く。「夕飯どうするんだ」という言葉も、その解決方法を確認しただけのことにすぎない。だから、この言葉を口にしたことで、妻から「私のことはどうでもいいのね！」と非難されたとしても男は戸惑うばかり。おそらく、「おいおい、どうしてこんなことでオレが責められなきゃいけないんだ」と、無実の罪を着せられたような気持ちになるのではないだろうか。

だが、これが女同士の会話だと、様子がまったく違ってくる。

たとえば、この主婦に娘がいて、同じように「ちょっと具合が悪いんだけど……」と訴えたとしよう。娘はきっと、「お母さん、大丈夫？　熱は？　頭痛くない？　じゃあ、今日のご飯、どうしよう。何か買ってきてあげようか。何が食べたい？　果物は？　それとも何かとろうか」といったように、母親の体調をあれこれと気遣い、まさにこの主婦が求めているような心配の仕方をしてくれるのではないだろうか。

女の思考回路は、他者と共感することを最優先とする。何らかのトラブルが生じたなら、何よりもその人の置かれた立場を気遣い、同情し、何か自分にできることはないかと心配する。たとえ本心はそう思っていなくとも、そうした共感のエールを交わすのが当たり前のこととして脳にインプットされている。ときにはそうやってエールばかりを交わし続け、問題が一向に先に進まないこともあるのだが、女にとっては、問題の解決策を探すよりも、まず気持ちに焦点を当てて共感してもらうことのほうがずっと大事なのである。

だから、擦れ違いが起こる。

男の脳は「解決脳」、女の脳は「共感脳」である。

解決脳の男からすれば、女の具合が悪いのであれば、当然「夕飯をどうするか」ということを問題にしなければならない。単にそれを口にしただけだ。だが、共感脳の女からすれば、自分が病気のときに夕飯のことを心配されては、当然「この人は私のことなんかどうでもいい」ということになる。

男からすれば、「そんなの、こっちの知ったことか」と思うことだろう。もともと悪気はないのだし、女からとやかく言われる筋合いのことではない。だが、そうやって同じような（男にとって無実の）罪を犯し続けていると、女はどんどん男への不満や怒りを勝手に募らせていってしまう。そして、恐ろしいことに、男がまったく気づかないうちに、たまりにたまった不平不満をまるで爆弾のように懐に抱え込んでしまう場合も少なくないのである。

その爆弾が爆発してしまったらコトだ。

爆発してしまったら最後、もう手がつけられない。おそらく、「ハキョク」とか「リコン」とかいった嵐が吹き荒れることだろう。

この本では、こうした「時限爆弾」のスイッチをオフにして、平和を取り戻すための処《しょ》方箋《ほうせん》を書きたいと思っている。

●カウンセリングにみる男女の違い

私がこのように男と女の擦れ違いを問題にするのには理由がある。

私は心療内科を専門とする医師だが、この心療内科という科目は、平たく言えば、心と体の不調について患者さんの悩みを聞き、その原因を探って治療をしていくところだ。当然ながら、治療の中ではカウンセリングが大きなウエイトを占めるようになる。だが、そうやってカウンセリングをしていると、男の患者さんと女の患者さんとでは、まるで勝手が違うのだ。つまり、男と女とでは感情や言葉の出し方や受け止め方に大きな差があることを、日々の診療で嫌というほど思い知らされているのである。

どう違うのかを簡単に説明しよう。

まず、女の場合。女の患者さんは思いついたことを次から次にポンポンと話す。自分がどんなにつらい思いをしているか、自分がどんなにがんばってきたか。話が男の悪口になるときもあれば夫に対するグチになるときもある。家庭の内情を話すのにも躊躇《ちゅうちょ》しない。だから、こちら側が筋道を立てて導いていかないと、どんどん話があらぬ方向へ行ってしまう。「それは、なぜ?」「その原因は何だと思う?」などと、話を整理しながらナビゲートしていかないと、同じところを堂々巡りするだけで一向に解決策が見えてこないようなところもある。

だが、女の患者さんは別に話が結論に至らなくてもいいらしい。先にも触れたが、女の脳にとっては共感してもらうことが無上の喜びとなる。たとえ問題が解決しなくても、話すだけ話してそれを受け止めてもらえたと感じるだけで、かなりスッキリとする。

ちなみに、カウンセリングをする際は「受容」「共感」「支持」「保証」「説得」という5つの技術をもって相手の話を聞くことがベースとなる。その人の悩みを受け容《い》れ、共感し、その人の立場を支持し、よくなることを保証し、治療へ向けて努力しようと説得するわけだ。女の患者さんに対する場合は、このうちの「受容」と「共感」がもっとも大切になる。事実、自分の悩みを「受け止めてもらえた」「共感してもらえた」と感じることさえできれば、単に話をするだけで治療効果が上がることもめずらしくない。

●男に大切なのは「納得すること」

ところが、男の場合はこうはいかない。

男の患者さんは、症状は訴えるが、その周辺のことは話したがらない。こちらがストレスの原因となっているであろう仕事の問題や、家庭の問題を聞いても話を逸《そ》らすばかり。口を開いても、ポツリポツリと事実関係を話すだけで自分の感情的な部分を吐露しないので、なかなか核心にたどりつけない。

男は感情表現が下手だ。この理由のひとつは第1章の中で説明するように脳の構造上の問題である。もうひとつは、自分の気持ちを話すことは自分の弱点を見せることだと思っているらしいことである。戦い抜く性のオスにとって弱点を見せることは、自らの生存を危うくすることだ。だから、聞く側も慎重にならざるを得ない。ここでどんなに弱音を吐いても、それはあなたの社会的評価とは何の関係もないことであり、あなたの病気と人格とはまったく無関係であるということをまずわかってもらわなければならない。

さすがに最近は「いまここで話をすることと僕の病気と、いったい何の関係があるのですか」といった態度の人は少なくなったが、やはり、妻や母親がついてきて、自分の日常についてペラペラしゃべられるのを嫌う人は多い。

カウンセリングをすることが問題の解決につながるということを理解してもらうのに時間を要する。

しかし、男の患者さんは一度納得すると話が早い。カウンセリングによって自分の悩んでいた問題がひとつひとつ解決に近づいていくということが理屈としてわかれば、自分から積極的に話し始め、自分から問題の所在がどこにあるのかを考え始める。先にも触れたように、男の脳は問題解決型にできている。だから、カウンセリングの「受容」「共感」「支持」「保証」「説得」というプロセスでは、とりわけ「保証」と「説得」を重んじることが大切になる。カウンセリングを続ければ問題を解決できるんだと保証し、そのためにはこういう治療が必要なんだと説得するわけだ。そして、それを受け入れることができれば、男の脳は放っておいても問題解決へ向けて動き出す。実際、ここまでナビゲートすれば、後はひとりで原因を見つけ、自分で問題を解決できる人も少なくない。解決の方法論さえ見つけることができれば、後はもう治療をする必要がないくらいだ。

●お互いに「違う」ということを認め合おう

ともあれ、このように、患者さんをいい方向にナビゲートするのが私の仕事だ。グチを聞くことも多いし、涙を誘うような話を聞くこともある。もちろん、パートナーとのトラブルがらみの話も多い。

患者さんが口々に訴えるそうしたストレスを聞いていると、異性とのほんの些細《ささい》な行き違いが無用なあつれきに結びついているケースが実に多いことに気づかされる。冒頭の主婦の例もそのひとつだが、男と女とがお互いの違いをもう少し理解していれば擦れ違わずに済んだのに、その認め合う努力を怠っているためにストレスをいたずらに大きくしてしまっているのである。

だから、そうした擦れ違いからくるストレスを少しでも減らすために、この本を書くことにした。脳が違う、ホルモンが違う、身体が違う、役割が違う。男と女は、同じ人間かと思うくらい違うのである。男と女がその距離を縮めるためには、まずそのお互いの性の違いを認め合うことが不可欠なことを知っていただければと思っている。

ちなみに、本書の姉妹編ともいえる拙著、『女はなぜ突然怒り出すのか？』は、おかげさまで部数10万部を突破して、読者の皆様方から多大な反響をいただいた。「女に対して抱いていた長年の疑問が氷解した」という声もあれば、「ようやく彼女が不機嫌になる理由がわかった」という声もあった。先日、このテーマで講演会をした際、ある弁護士さんから、「弁護士は全員この本を読むべきです。我々の仕事の多くは、男女のトラブルの解決であり、そのためにはこういう男女の違いを知ることが非常に重要です」という感想をいただいた。さらに私にとって驚きだったのは、男性読者向けに書いたものであるにもかかわらず、女性の読者にもよく読まれていたことだ。

中には、まず女性がこの本を読み、「女ってこういうものなのよ。だからよく勉強してよ」と言って男性パートナーに読むことを勧めたようなケースもあった。さらに、いつも喧嘩《けんか》ばかりしている両親にこの本を贈り、以後両親の仲がよくなったと喜んでくれた女性もいた。

うれしいことだ。

著者としては、本書もそのように男と女がより理解を深めるための一助となればと期待している。

なお、本書ではさまざまな男女の性差を取り上げるが、だからといって、男と女ではどっちが優れ、どっちが劣っているかといったことを問題にしているのではない。ましてや女性の社会進出や地位向上を阻もうとする意図など微塵《みじん》もない。そうした姿勢は前作『女はなぜ突然怒り出すのか？』と同様だ。また、この前作で取り上げたテーマや科学的メカニズムについては、本書では重複を避けて詳述をしていない。まだ前作をお読みでない方は、ぜひ併読されることをお勧めしたい。

現在、日本では、結婚したカップルの3組に1組以上が離婚するという。

若いカップルばかりでなく中高年夫婦の離婚も多く、「熟年離婚」などという言葉ももてはやされている。

また、離婚とまではいかなくとも、いつ破局を迎えるかわからない危機感を抱きながら日常を過ごしているカップルも多いことだろう。おそらく、爆弾の時限装置がすでにカチカチと動き出している人もいるかもしれない。

だが、そのような方々にこそ、本書をお読みいただき、パートナーとの擦れ違う理由にきちんと目を向けてみていただきたい。そして、それがお互いの関係を見直すきっかけになれば幸いである。

著者

第1章

女はやっぱり怖い生き物だった!?

――痛いしっぺ返しを食う前に男が知っておくべきこと

1 女はなぜいきなり「もう別れましょう」と言い出すのか？

●男には何が理由なのかもわからない

「私たち、もうおしまいね。いっそ別れましょう」

妙に深刻な顔をして、あなたの妻や彼女がこう言い放ったとしよう。

あなたには、その言葉が咄嗟《とっさ》に理解できない。昨日まで何の問題もなく一緒に日常を営んできたのに、この女はいきなり何を言い出すのか。ひょっとして冗談？　それにしては彼女は真剣な表情を崩さない……。あなたの頭は、いったいどう受け答えすべきか混乱するに違いない。

「おいおい、質《たち》の悪い冗談はやめろよ。別れるって、突然何を言い出すんだ」

そうやってちょっとおどけて言ってみせたとて、相手の表情は硬いまま。つけ入る隙さえ見せない。

「冗談じゃないわよ。私、本気よ。もう我慢の限界なのよ」

「我慢って……オレ、何か悪いことでもしたっけ」

　あなたはおそらく、必死に女の機嫌を損ねた理由を探し始めることだろう。そりゃあ、小さなことで文句を言われるのはしょっちゅうだし、喧嘩《けんか》をしたこともあった。だが、だからといって、別れを切り出されるほどの理由は思いつかない。

「いったい、何が不満だっていうんだよ」

「わからないって言うの？　私はあなたのそういうところが嫌なの。結局、何度言ってもあなたには私の気持ちはわからないし、もう何を言ったって無駄。だから別れようって言ってるのよ」

　そう言われても、あなたには女がそれほど思いつめる理由が見つからない。

「オレには何のことかさっぱりわからない。なのにいきなり別れようって言われたって……理由を言えよ、理由を」

「だから、あなたのそういうところが嫌になったのよ」

「……」

　これでは一向にらちがあかない。あなたはきっと、訳がわからないまま途方に暮れてしまうのではないだろうか。

最近このケースのような別れが増えているらしい。

男としては何の問題もないと思っていたのに、いきなり女から「三くだり半」を突きつけられるようなケースだ。昨今話題の「熟年離婚」でも、それまで夫につき従っているかのように見えた妻が、まるで手のひらでも返したかのように別れを切り出すことが少なくないという。

男にとっては、まさに青天の霹靂《へきれき》だ。女がそこまで思いつめていたなんて思いも寄らなかったことだし、何が不満で別れたいのか、その理由さえわからない。きっと、面食らったあまり、返す言葉すら浮かばないかもしれない。

●女はバケツ、男はザル

いったい、男女の感情の擦れ違いがこれほどまで大きくなってしまう理由は何なのだろう。

それにはやはり、男と女の脳の違いに目を向けなければならない。

男と女とでは感情に対する処理の仕方がまるで違っている。

カップルの間で何かしらの感情のトラブルが生じたとき、男はその場しのぎでトラブルから逃れようとするが、女はそのトラブルを不快な記憶としてため込んでしまう傾向が強い。男のほうは一度やり過ごしてしまえば、そのトラブルの原因が何だったかなんてすぐに忘れてしまう。

だが、女のほうは、そのことを決して忘れない。

言われてみれば、あなたにも思い当たるフシがあるのではないだろうか。ここでちょっと、妻や彼女が頻繁に口にしている言葉を思い起こしてみてほしい。

そういえば、何かを買ってほしいと言われていたこと。

たまには映画にでも連れていってと言われていたこと。

今度の休みに一緒に過ごす時間をつくってと言われていたこと。

お隣さんともめごとがあって、ちょっと助けてほしいと言われていたこと。

子供のことで相談があるんだけど、と言われていたこと。

そうした言葉に対して、あなたは「ああ、わかった、わかった。いま忙しいからまた今度な」などといって適当にやり過ごしてしまってはいないだろうか。

それではいけない。

そうした生返事を繰り返しているうちに、女はいつの間にか不満を大きくふくらませてしまう。そして、男がいつもと同じパターンでその場をしのいでいると、「この人は全然反省してない」「この人は何を言ってもわかってくれない」ということになっていってしまうのだ。

その不満は時間の経過とともに着実にたまっていく。

女の中には、そうした不満や不平などの感情をためる「バケツ」がある。男がその場しのぎで女のフラストレーションをかわしているうちに、不満の目盛りは1ミリ、また1ミリと嵩《かさ》を増していく。何らかのはけ口がない限り、その水量は自分でも支えきれないほどに増していくことだろう。そして、いつしか、まるで決壊寸前のダムのような恐ろしい状況を生み出してしまうのだ。

この女のバケツに対して、男は「ザル」のようなものだ。男はもともと相手の情動に関する察知能力が女よりも低い。たとえ女が不平や不満のサインを出していても、「これくらい、大丈夫だろう」と何のためらいもなく見過ごしてしまう。男にとってはいつもと同じ暮らしがいつものように営めているのであれば、別にたいした問題があるとは思っていない。それで、女が訴えてくる面倒事を決まって先延ばしにしたり聞き流したりしてしまう。つまり、感情を網目から素通りさせてしまうザルなわけだ。

だが、ザルがそうやって呑気《のんき》に面倒事を通過させていると、バケツにたまった不平不満はいつの間にかとんでもない量になる。やがて、その不平不満という水はバケツからあふれ出し、ついにバケツはひっくり返る。

その日が、女が別れを切り出すときなのだ。

男は、まさかそんな状況になっているとは露知らぬ。別れるなんて、何を唐突に言い出すんだということになる。しかし、女にとって、それは唐突なことでも何でもない。長年抱えてきた不平不満があふれるべくしてあふれただけの「当然の結末」なのである。

そうやってバケツがひっくり返ったとき、男はあわてふためいて何とかその場をしのごうとする。何とかかんとか理由をくっつけ、つまらない理屈をこねくり回して、強引に解決へ持っていこうとする。

女はわかっていても、仕方がないと思って抜いた刀をとりあえず元のサヤに収める。男はヤレヤレと安心する。

しかし、それで安心してはいけない。バケツはひっくり返って空になったと思ってはいけない。バケツの下には大きなタライが待っている。こぼれれば水は下のタライに着々とためられていく。そしてある日、タライもひっくり返る。しかしその下にもっと大きなタライが……。女の感情はカスケードのように下へ下へたまっていって、いずれ深淵《しんえん》の海になる（女はやっぱり「海」なのだ）。

女の感情記憶に時効はない。

●男と女とでは感情を処理する場所が違う

不満をためる女脳。その場しのぎの男脳。

それにしても、このような感情処理の違いは、どういった脳のメカニズムの差からくるのだろうか。

この疑問について、ハーヴァードのデボラ・ユルグルン・トッドのグループは、精巧なMRI（磁気共鳴映像法）を使って、9歳から17歳までの子供たちを対象に研究を行った。

その結果、男と女とでは感情を処理するときの脳の場所が違っているということがわかった。男は脳の中心部の扁桃体《へんとうたい》という器官で感情を処理し、女は外側の大脳皮質の前頭葉で感情を処理しているというのである。

詳しく説明しよう。

扁桃体は大脳辺縁系にあり、好き・嫌い、快・不快、怒り・悲しみなどの情動反応を処理する器官として知られている。中でも不快、不安、悲しみなどのネガティブな感情に反応しやすい特徴を持っている。

子供の頃は男も女も同じようにこの扁桃体で感情を捉えているらしい。扁桃体によって捉えられるネガティブな感情は、説明のしようがない不快感だ。本能的に「何となく嫌だ」と感じるような不快感だと言っていいだろう。

だから、幼稚園や小学校の子供たちに「どうしてそんなに悲しいの」「なぜそんなに塞《ふさ》ぎ込んでいるの」と聞いても、彼らはその理由をうまく説明することができない。そして、程度によっても違いはあるが、時間が経てば、そのネガティブな感情を忘れてしまうことが多い。短期記憶は扁桃体で処理される。

ところが、女の子の場合、年齢とともに、不快な感情を捉える場所が扁桃体から大脳皮質の前頭前野へと移動するというのだ。

言うまでもなく、大脳皮質は理性、分別、知性、言語といった高度な脳活動を司《つかさど》っているところである。ここでネガティブな感情を捉えるようになると、どういう変化が表れるのだろう。

そう。自分がなぜ悲しいのか、なぜ不安なのかといったことを繰り返し考えるようになるのだ。だから、年齢とともに、女の子は自分の気持ちを持て余し、何かと扱いづらくなる。そして、そうした自分の感情を言葉で説明しようとするようになる。女脳はもともと優れた言語能力を備えている。その能力を駆使して、自分の抱いている感情を何とか他者にわかってもらおうと躍起になるわけだ。カウンセリングでは女の患者さんは口々に自分のつらさや不安をわかってもらおうと言葉を尽くして訴える。それもこのように大脳で感情処理をしていることが関係しているのだろう。

また大脳皮質といえば、記憶の貯蔵庫でもある。しかも長期記憶である。

通常、視覚情報や聴覚情報は、ほんの数秒程度で消滅してしまう。1回見たテレビのCMはすぐ忘れてしまう。しかし、これが興味あることだったり、必要だと思うと短期記憶として、扁桃体に伝達される。しかし、これも1分限りだ。ところが印象があまりに強かったり、きちんと理解したことは中期記憶として海馬に最大1カ月保存される。この間に不用なものと忘れてはいけない大切なものとが選別され、後者は長期記憶に入れられる。特に反復してアクセスされたものは「重要事項」として側頭葉に送られて長期記憶となる。そしてこの側頭葉に蓄えられた記憶は前頭葉の指令によって取り出されるのである。

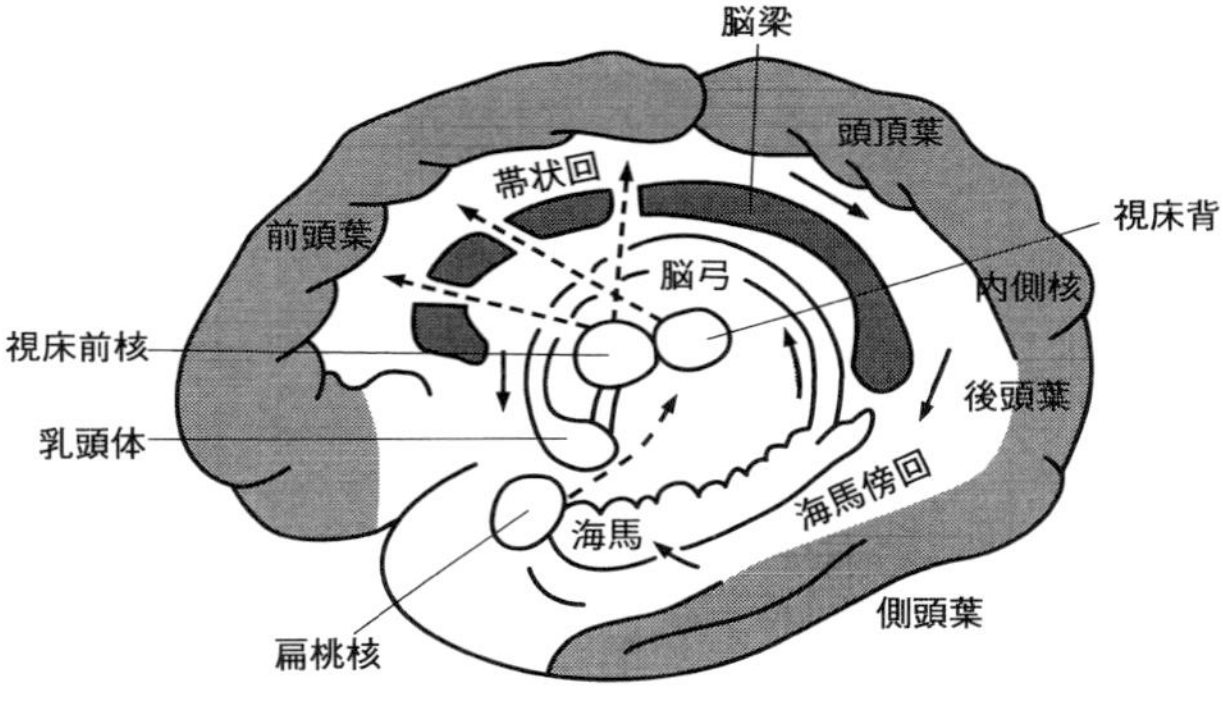

ペーペッツが考えた記憶の回路
（引用：「脳のしくみと不思議」鈴木智子 著／日本文芸社）

だから、大脳皮質で感情を処理している女はパートナーが過去に犯した過ちを克明に覚えていて、必要に応じて嫌な記憶を甦《よみがえ》らせることができるのである。「あのとき、あんなに言ったのに何もしてくれなかった」「そういえば、あのときもそうだった」「そして、また今度も……」といったネガティブな記憶をコトあるたびに甦らせる。もちろん、その記憶を思い出すたびに嫌な感情も湧き上がってくる。

女が不満をためやすいのはこのためだ。年齢とともに、女の脳は不満や不平などのストレスをためやすい仕様にシフトチェンジするのである。

そしていったんネガティブな感情として

定着した記憶はくつがえすことがなかなか難しい。いったん悪い印象を与えてしまうと修正が難しい。このことを男は覚えておいたほうがいいと思う。

もう一度言う。女の感情記憶に時効はない。

なぜ、不快な感情を長期記憶として蓄え込むようにできているのだろうか。それは多分、自分の安全を守るためだと思う。不快感を起こさせた相手を忘れてうっかり受け入れてしまったら、自分が窮地に陥る危険が大である。一般的に腕力で相手を倒すことのできない女にとっては、ディフェンス（防御）の方がオフェンス（攻撃）よりも重要な要素を持つのである。

●水のはけ口を見つけておこう

一方、男の場合はどうなのか。

実はいくつかの実験で、男のほうが女より、より「感情的」であるという結果が出ている。これは特に恐怖や怒りを喚起する場面においてである。悲しいシーンでは、女性のほうが反応がいい。ハッピーなシーンに対する反応は、男女ともに同じであった。恐怖や怒りには扁桃体が強く反応する。

どうやら男のほうは、思春期を過ぎ、やがて大人になっても、扁桃体で不快な感情を処理しているらしい。つまり、シフトチェンジしないまま大人になるのだ。

だから、男の場合は概して、大人になっても「自分がなぜ悲しいのか」「自分がなぜ不安なのか」といった気持ちを自己表現することが苦手だ。大脳皮質ではなく、扁桃体で本能的に感情を捉えているために、その理由を言葉でうまく説明できないことが多い。カウンセリングをしても男の患者さんはなかなか心の内を話してくれない。それもやはり扁桃体で感情処理をしていることが関係しているのだろう。

すなわち、男の脳は感情に気づきにくいようにできているわけだ。

他人の感情はもちろん、自分の中のネガティブな感情までも、深く詮索《せんさく》することなく「まあ、大丈夫だろう」というくらいの感覚で素通りさせてしまう。そのツケが積もり積もると後でいろいろとたいへんなことになるのだが、こうした男脳とストレスの関係については また後の章で詳しく述べることにしよう。

ともあれ、このように男と女とでは、感情を処理する際の脳のメカニズムが根本的に違っている。

女は不満をどんどん蓄積し、男はそれを気にもとめない。

そういうふうに脳ができているともいえる。

では、時間の経過とともに男と女の擦れ違いの幅が広がっていくのは避けられないのだろうか。いきなり女から別れを切り出されるのも、ある意味しょうがないことなのだろうか。

そんなことはない。

お互いがお互いの違いに目を向け、その気持ちを尊重していれば、お互いに歩み寄り、擦れ違いを埋め合わせることができる。

ひとつ、男性読者にアドバイスをするなら、とにかく「女という生き物には不満をため込むバケツがあるんだ」ということをしっかり肝に銘じておくことだ。

そのバケツの存在に気づいているだけでも大きく違う。おそらく、「いま、アイツのバケツの中にはどれくらいたまっているんだろう」と推測するだけでも、日頃の女に対する姿勢が変わってくるはずだ。彼女や妻のいつもの小言に対する耳の傾け方だって少しは違ってくるだろうし、返事の仕方だって多少は変わってくるだろう。

女の脳はそうしたちょっとした男の変化をも機敏に読みとる。そして、共感してもらえることが少しでもわかれば、女はバケツにたまった水のはけ口を見つけることができる。

先ほど、ネガティブな印象の修正は難しいと言った。しかし、まったく不可能かというとそうではない。女だって男が変わろうと努力している姿を見れば、気持ちは少しずつ変わる。第一、男がザルでなかったら女だって困るようなことは一杯あるのだ。自分自身の失態をひとつひとつ覚えていられたら、ちょっと想像しても怖い。

とにかく、女の話をきちんと聞いて、自分にどうしてほしいのかを知ること（何もしなくてもいいこともある）。もちろん、実行も忘れないでほしい。もし、希望に添えないときは、別の解決策を与えてあげること。解決脳の男なら、難しい作業ではない。これを繰り返していけば、少なくとも女から突然「別れましょう」なんてセリフを突きつけられることはない。

2 「結婚する前はもっと大事にしてくれたのに……」とグチを言う女が多いのはなぜか？

●男は釣った魚にエサをやらないもの

「彼ときたら、結婚したとたんに人が変わったみたいになっちゃって……。前はよくプレゼントをくれたりしたのに、最近は家に帰ってくるのも遅いし、ふたりで出かけたり話をしたりする機会がものすごく少ないんです。夕飯だっていつもひとり、何のために結婚したかわからない……」

私のクリニックを訪れる若い女性たちはよくこのように訴える。結婚を機に自分に対する男の態度がガラリと変わったことが不思議に思えるようだ。

しかし、これは生物学的に見れば仕方のないことである。

男は種を「ばら蒔《ま》く性」であり、女はその種を「産み育てる性」である。そして、結婚は、男にとっては「ゴール」であり、女にとっては「スタート」である。

男は結婚するまではあれこれと女に投資をする。プレゼントを贈り、やさしい言葉、時間と労力をかけて何とか自分のものにしようとする。だが、結婚というゴールにたどり着いてしまえば、もう自分のものだからいつでも種を蒔《ま》ける。したがって、もう投資をする必要がない。女にプレゼントを贈ったりやさしい言葉をかけたりする必要がないわけだ。

一方の女のほうは、結婚して種を植えつけられれば、その種を育《はぐく》む役割を否応《いやおう》なく負わねばならない。その意味で女にとって結婚はスタートであり、結婚したからには以前にもまさる投資を受けることを当然のことのように期待している。だから、結婚後、期待むなしく自分に対して時間も労力も使ってくれなくなった男に対して、かなりの不満を感じることになるわけだ。

つまり、釣った魚にエサをやらない男と、釣られた後もエサを期待する女。その投資をめぐる互いの思惑が擦れ違っているわけだ。

●「こんなはずじゃなかった」という思い

男は釣った魚にエサをやることなど自然に忘れてしまう。

結婚後、ある程度の時間が経てば、どこかへ置き忘れたようにすっぽりと忘れてしまい、それをおかしいとも思わない。たいていの場合、毎日仕事に行き、家に帰って、定期的に給料を運んでいさえすれば、それで何も問題はないじゃないかと考えているのではなかろうか。

だが、女はそうはいかない。釣られた側には結婚前の約束を反故《ほご》にされたような気持ちが残る。たいていの女はその気持ちを引きずり、自分が思い描いていた生活と現実の生活とのギャップに疑問を抱きながら暮らしていると考えていい。いつしか、いまの生活に対して「不遇感」を持つようになる。

そして、その不遇感は成長する。

「あの人とだったら幸せになれると思っていたのに」→「こんなはずじゃなかった」→「他の人はもっと幸せそうなのに」→「何で私ばっかりこんな目に」→「これもみんなあの人のせいだ」

そんなふうにマイナス思考をぐるぐると巡らし始め、いつの間にか不遇感を大きく育ててしまうのである。前著でも述べたことだが、女の脳は前交連という感情の通り道が太くできていて、怒りや悲しみ、不平不満などの情報を増幅させやすい特徴を持っている。また、いったんマイナス方向に考え始めると、すべての要素をマイナスに結びつけて捉えてしまうような傾向もある。女はネガティブなことを増幅させやすいのだ（理由は、女は不安を緩和するセロトニンの分泌量が、男より少ないからだ）。

そして、この悪循環回路が働き出すと、女は何かにつけ男の欠点に目を向けるようになり、小さなことで揚げ足を取るようになってくる。

たとえば、あなたが家に帰り、靴下を脱いだときに、女がちらと眉《まゆ》をひそめたとしよう。そのとき女の頭の中に「この人ったら、何度も言っているのにまた靴下を丸めて脱ぎ捨てた↓やっぱりこの人と結婚するんじゃなかった」というような考えが巡っていたとしても何ら不思議ではない。

ちょっとした不満がすべて「こんなはずじゃなかった」という不遇感に結びついてしまうようになるわけだ。

●根に持たれるのがいちばん怖い

男はきっと、「そんなに不満があるなら、なぜそれを早く言わないのか」と考えることだろう。「言ってくれれば、こっちだっていろいろ対応のしようがあったのに」とも考えるはずだ。

だが、女側からすれば、もうずいぶん前から言っていることなのである。

女は、それがいいことであれ悪いことであれ、「今度あの人にこれを言わなきゃ」とか「こういうサインを出してみよう」とかいった思いをためていることが多い。

だが、その思いは男にはなかなか伝わらない。先に述べたように女はバケツで男はザルだ。女は事あるごとにサインを出して訴えているのだが、男はそれを素通りさせてしまう。たとえ気づいていても、その場しのぎの男の脳は、「ああ、わかった、わかった」と生返事をしてやり過ごし、次の日はそのことをきれいに忘れてしまう。だから、女はいつしか言うことをあきらめてしまうのだ。

かくして、女のバケツには「不満」という水が少しずつたまっていく。

さて、ここで問題なのは、女はためた不満をどう処理するかである。男にとっていちばん怖いのは、女が口をぴっちり閉じたまま黙り込んでしまうことだ。

中でも怖いのは「根に持たれる」ことだ。ためる性である女は、何年も、ときには何十年もの間、暗い思いを抱え込んでいることだって可能だ。女の情緒は積分関数で時間とともにふくれ上がり、大脳皮質に長期記憶としてしっかり刻み込んでいるのだ。黙り込んだまま、じっと反撃のチャンスを窺《うかが》っているのだとしたら、男にとってこれほど怖いものはない。

しかも、不平不満を漏らさずに口を閉ざしてしまうと、女は「私は誰にも理解してもらえない」「自分は誰にも受け入れてもらえない」と、自分を精神的に追い込んでしまいがちになる。それが原因で心身のバランスを崩し、うつ病や自律神経失調症になってしまうことだって十分にありうる。

つまり、黙り込むよりもしょっちゅうグチをこぼしているような状態のほうが、男女双方にとって安心かつ安全なのだ。

だから、「ウチの主人ったら、何もしてくれないの。結婚する前は違ったんだけどねえ……」というように、女がたまった不満を女友達や近所の奥さん相手にぶちまけているのだとしたら、男にとってそれはむしろ歓迎すべきことなのかもしれない。グチを言うことは、おしゃべり機能の発達した女脳にとってはたいへん健全なストレス解消法である。それによってバケツにたまった不満が少しでも吐き出されてくれるなら、男は助かるというものだ。

要するにグチという吐き出し口があることが女には大切なのだ。それよりも、吐き出さずにためられたほうが怖い。逆にそんなグチさえ聞かれなくなったなら、男はまじめに身の心配をし始めたほうがいいかもしれない。

●女はプチサプライズがお好き

「エサをくれない」と不満をぶちまける女には「エサをあげる」のがいちばん簡単な方法だ。エサをやらなければどんな金魚だって色が褪《あ》せてしまう。問題はエサの大きさとタイミングだ。

いままで放っておいた罪滅ぼしのためと、ある日突然、高級レストランに誘ったとしよう。男の期待に反して女は戸惑う。そんな高級レストランに行くのに着ていく服がない。何を着て行こうか、アクセサリーは？　靴は？　バッグは？

「それならそうと早く言ってくれればよかったのに。準備しておいたのに」

と怒られる。レストランに着いたら着いたで、

「こんな高いレストラン、もったいないじゃない。このお金があれば……」

と文句タラタラ。せっかく喜ばそうと思ったのに、いったい何なんだその態度は、とこっちが怒りたくなる。

女は男が想像するようなビッグな幸せを実は好まない。女はあまりビッグな幸せがあると、それと同じくらいビッグな不幸があるのではないかと不安になる生き物なのだ。

女は小さな幸せが好きだ。これくらいの幸せなら、誰も怒らないよね、と安心できる。小さな幸せがたくさんあるのが好きだ。つまり、「プチ幸せ」。

女を驚かせたいなら「プチサプライズ」がお勧め。「お誕生日にプレゼント」はもう古い。「お誕生日じゃない日だからおめでとう」なんて訳のわからないサプライズに結構反応するのだ。思いがけないプレゼントにいつもよりワンランク上のレストラン、ワンランク上のホテルに大喜びすること、間違いなしである。竹内まりやの歌ではないが、「毎日がスペシャル」だと思わせるのがコツだ。

女はプチサプライズを糧としてドーパミンを活性化し、どんどん元気になる。

3 「なぜメールの返事くれなかったの」と女が怒る理由は？

●「忙しくてもメールくらいできるでしょ」

通勤電車の中、昼休み、トイレの中、授業中や仕事中に机の下でこっそり……とにかく暇とチャンスを見つけては携帯電話にしがみつき、メールを打っている女は少なくない。たしかに、メールにのめり込むことができるのも、言語能力に秀でた女脳のなせるワザなのだろう。だが、男が女から大量のメールをこのようにたて続けに受け取ったとしたら、おそらく困惑するのではないだろうか。

仕事中はもちろん、同僚と飲んでいるときや残業で疲れているときも、女のメールは次々に飛び込んでくる。女のメールの文面は当然のことのように男に返事をくれることを要求しているが、もちろんそんなときにいちいち返信のメールなど打っていられない。だから、「後で返事をすればいいや」と、しばらく放っておく。放っておくうちに返事をするのをうっかり忘れてしまう――まあ、男の対応としてはそれが普通ではなかろうか。

だが、そんなときに女は目を吊《つ》り上げて怒る。

そして、ふた言目には「何でメールの返事をくれなかったの？」と言い出す。まるで詰問するような口調でそう言われると、男はまるで自分が大罪でも犯したかのような気分にさせられるだろう。そんなことを言われても、忙しかったのだからしょうがない。しかし、そのことを説明して言い訳をしても、女のほうは「どんなに忙しくてもメールくらいできるでしょ」の一点張りで聞く耳を持たない。そして、うんざりとしたやり取りを続けているうちに、だんだんハラが立ってくる……。

このような具合に、女の「メール攻撃」に辟易《へきえき》とさせられている人はきっと多いのではないか。こうしたメールのやり取りの擦れ違いがもとで、女と喧嘩をしてしまったという人もいるに違いない。

●女にとっては会話、男にとっては手紙

いったい、たかがメールのやり取りで、どうしてこんなに擦れ違ってしまうのだろう。

それは、そもそも男と女とでメールに対する認識が違っているからだ。

女にとってメールは「会話」である。

だが、男にとってメールはあくまでメール。つまり「手紙」である。

女は会話の延長線上でメールを打っているから、相手からの返事がないとシカトされたような気分にさせられる。とりわけ女脳は「会話による共感」を本能的に求めるようにできているから、会話が途切れ、相手が黙り込んでしまうことに不安を感じる。それで、メールの返事が来ないと相手から拒絶されたかのような気分に陥ってしまうのだ。

一方の男はというと、手紙の感覚でメールを打っているから、すぐに返事をしなくても、暇なときに書いて投函《とうかん》すればいいやと思っている。手紙であれば、「忙しくて返事をするのが遅れた」という言い訳をすれば通るものだ。きっと、返事が2、3日遅れても、一向に問題ないという感覚でいるのではないだろうか。

つまり、女が会話感覚で話しかけたメールに、男の（手紙の）返信が届くのは、ずいぶんと女を待たせてイライラさせた頃ということになる。このような「時差」があっては、お互いの伝えたい思いが擦れ違ってしまうのもある意味しょうがないのかもしれない。

また、この擦れ違いには脳の性差も大きく関与している。

前著でも述べたが、女の脳はマルチ・モード、男の脳はワン・モードだ。女の脳はいくつものことを同時進行で並列に作業することが得意だが、男の脳はひとつのことに集中して取り組むことを得意とする。マルチ・モードの女は仕事中にも彼氏の存在を忘れず、思い出してはメールを打つことができるが、男は概して苦手だ。ワン・モードの男はいざ仕事となったら仕事に集中し、彼女のことなんか思い出しもしない。おそらく、仕事が終わり、頭が仕事から切り替わるまでは到底メールの返事を打つような気分にはならないことだろう。

狩り（仕事）に出る男は、家を1歩出たら女のことなど構ってはいられない。もちろん、それは別に女のことを大切に思っていないわけではない。1日の仕事が終われば、「ああ、そういえば彼女からメールかなんかが入っていたな……」と思い出す。男はそれでいいし、まったく問題のないことだ。

ただ、そこのところを理解していない女が多いから、何かとコトが厄介になるのである。

●メールでドーパミンを刺激しよう

では、どうすれば女とスムーズにメールをやり取りできるのだろう。

女の会話スタイルに合わせ、がんばってメールを打つのもひとつの手ではあるが、これには並大抵ならぬ決意が必要だ。1通返事をしたら10通返ってくるくらいの事態を想定しておいたほうがいい。そんなことをし始めた日には、男の脳は疲れ果ててしまうことだろう。

問題は、やはり女の「共感したい欲求」をどれだけ満足させてやれるかという点にある。女は「共感」という絆《きずな》でつながっていたい。そのつながりが切れていないかどうかが不安で、それを確かめたいがためにいつもメールをしてくるのだ。だから、とにかく「つながっているから大丈夫だ」ということをしっかりとわからせることが肝心なのだ。

そしてそのためには、時々でいいから彼女がとても喜びそうな言葉を連ねた「うれしいメール」を送ってやるといいだろう。たとえば、「この前着てた服、とても似合っていたよ。僕も隣にいて自慢だった」などといった言葉のプレゼントをメールで送ってやるのだ。

こうした言葉のプレゼントは、快感ホルモンのドーパミンを活性化させる。ドーパミンは期待感や充足感をふくらませてくれる脳内物質だ。その効果によって、おそらく女の心は「つながっているから安心」と感じるはずだ。そして、そういう状態にしておけば、多少はメールの返事が遅れたり返事をすっぽかしたりしても大丈夫。女はそんなに怒らないはずだ。

不思議なもので、女はこういう「うれしいメール」を思いがけず受け取ると、そのときの喜びを思い出したりこれからのことを期待したりして、1週間くらいは楽しくうきうきと過ごすことができる。男からすれば、そのメール1本で1週間持たせることができるわけだ。

つまり、この「1週間うきうき効果」を狙って、女のドーパミンをうまく刺激するようなメールを送り、共感の絆を築いておくことが大切なのだ。

日頃言えないこともメールでなら言える。それに、面と向かって話すと歯が浮きそうになる甘いフレーズも、メールでなら割合抵抗なく送れるものだ。さらに携帯電話に入っている、絵文字なんぞを使ってみたらどうだろう。言葉にできないような気持ちを表したり、言葉に抑揚をつけたいときは最適だ。ときには絵文字だけで間に合う。カラフルになって、ビジュアルの好きな女の脳は大喜びだ。

彼女とのメールでのいざこざが多い人は、ぜひ、一度試してみてはいかがだろう。

④ 女はなぜ男の携帯電話の着信履歴をチェックするのか？

●浮気の動かぬ証拠をつかまれたら？

「私、見ちゃったのよねえ……」

そう言いながら、浮気の動かぬ証拠をつかんだとばかりにあなたの携帯電話を指差す女。そんな女に対して、あなたはどんな態度をとるのだろうか。「プライバシーの侵害だ」と怒るだろうか。あくまで「浮気なんかしていない」としらを切るだろうか。それとも、いさぎよく観念して女に対して頭を下げるだろうか。

まあ、こうした急場を切り抜けるのはたいへんだろうが、ご健闘をお祈りする。

それより、私がここで問題にしたいのは、「多くの女は男の携帯電話の着信履歴をチェックせずにはいられない」ということについてである。おそらく、この問題に興味のある人は多いのではないだろうか。

●女の脳は浮気調査のために発達した？

ふた昔ほど前だったら、浮気の証拠として挙げられる物件は、「ワイシャツについた口紅」「背広に染みついた香水のかおり」「よからぬ店のマッチ箱」（古いなあー）といったところだろうか。だが、いまは携帯電話にストックされた電話番号やメールの着信履歴によって一発で動かぬ証拠をつかまれてしまう。

男側からすれば、恐ろしい時代になったものだ。

だが、女側からすれば、これほど便利なことはない。

着信履歴を覗《のぞ》けば、男がどれくらい自分のほうを向いているか、どれくらい他の女の影がちらついているかが見て取れる。女にとって、それは男の日頃の行動に関する有力情報がぎっしりと詰め込まれた宝の山のようなものだ。プライバシー侵害だと言われようが何だろうが、女が「見たい」という衝動にかられるのも無理はあるまい。

そもそも女という生き物は、そうした浮気情報を嗅《か》ぎつけるために脳を発達させたようなところがある。

女脳に言語能力が発達したのは、女同士でおしゃべりをして浮気情報を交換する必要があったからだと言われている。また、男よりも嗅覚《きゅうかく》が鋭かったり、微妙な色を見分けることが得意だったりするのも、子育ての際、子供の微妙な変化を読みとるために進化したと考えられる能力ではあるが、同時に、男の背後にちらつく他の女の影をいち早く感じとるためではないかとも言われている。

すなわち、女が、男なら到底わからないようなわずかな口紅のあとや残り香に気づいたり、誰と誰がつき合っているといったウワサに過敏なほどに耳をそばだてたりするのも当然と言えば当然。女の脳は、そのためにもともと情報処理能力が高く設定されている。多くの浮気情報を収集・分析するために、より多くの情報を流せるようになっているし、より細かい情報までキャッチできるようにできているのだ。

つまり、女は浮気調査のために都合のいいように脳を発達させたというわけだ。

そして、女がそうした脳力を発達させたのは、男を他の女に取られては自分が生きていけなかったからである。

大昔、「産み、育てる性」である女は、基本的に男の経済力の支えなくしては生きていけなかった。経済的支えである男を他の女に取られた日には、自分が路頭に迷ってしまう。そうならないために、女には、男が浮気しないかどうか、その可能性を的確に見極め、その兆候を素早く捉える必要がある。他の女のニオイを嗅ぎつけ、排除する能力をとりわけ女が発達させたのは、こうした生きるための競争原理が働いているためであろう。

つまり、浮気調査は女の一種の自己防衛本能なのだ。

だから、女は自分の身を守るために、男の携帯電話をチェックせずにはいられない。携帯電話を見れば、いま、自分が男をどれくらいひきつけているのかがわかる。自分の身がどれくらい保証されているのかがわかる。すなわち、自分と男とをつなぐ「命綱」がどれくらい太いのかを確認せずにはいられないのである。

●「証拠」はただちに隠滅すべし

このように、女が着信履歴を気にするのには、脳科学的・生物学的な理由が背景にあるといっていい。

もちろん他人の携帯電話を勝手に盗み見るのは許されるべきことではない。しかし、そこに浮気を示す証拠がある（かもしれない）箱が存在するのなら、女の脳はたとえ開けてはいけないものだとはわかってはいても、開けてみずにはいられない。いや、「開けてはいけない」からこそ、余計に「開けたくなる」困った性《さが》の持ち主なのだ。

だから、男側としては、自分の携帯電話の着信履歴は、油断すれば確実に女に見られるものと思って覚悟しておいたほうがいい。ちょっとでも後ろめたいような履歴はこまめに消去し、「証拠」が相手の手に渡らないように細心の注意を払っておくべきだろう。

以前、ある男性記者の携帯電話に電話をしたとき、いきなり女性の声が出た。

「主人はいま、お風呂《ふろ》に入っています！」これにはさすがの私もちょっとビビった。別に悪いことをしているわけではないのに、それ以後、その記者の携帯電話に連絡をしづらくなった。きっと、完全包囲網だろう。

中には仕事用と、プライベート用と携帯電話を2台持っている男性もいる（そういえば2台持っている女性はまれだ）。それでも安心はできない。

それならロック機能をかけてはどうかという意見もあった。しかし、ロックしてあること自体がかえって怪しまれる。どのみちそんな姑息な手段では、女は騙せない。

とにかく、油断は禁物だ。

彼女に限ってそんなはしたないマネをするはずがないなどという思い込みは、まず捨て去ったほうがいい。

どんなに愛と信頼の絆で結ばれていようとも、女の脳は「男は隙さえあれば浮気をする動物である」ということを本能的に見抜いているし、程度の差こそあれ、いつも「疑いのまなざし」を向けているものだ。そして、その「疑いの目」からは、一生逃れることはできない。

せっかくの平和な生活に無用な波風を立てないためにも、ぜひ肝に銘じておくといいだろう。

⑤ 女が別れを切り出すのはすべて計算ずく？

●やっぱりカネの切れ目は縁の切れ目？

「私はあなたの心さえあればいいの、お金なんてどうでもいいのよ」

こんなことを言う女は、まず信じないほうがいい。

なぜかって？

女とは生来的に計算高い生き物だ。どんなに強い愛で心が結ばれていようとも、そこに経済的な安定がなければ女は男の胸に飛び込みはしない。たとえ口では甘いことをささやいていても、その裏ではパチパチと損得を計算しているものだからだ。

もちろん、女が別れ話を持ち出す際にも、こうした計算が働いている。いや、別れを切り出したときには、女の頭の中ではもうすでに損得の収支決算がきっちりと出されている。計算した結果、「このままでは損だ」という判断を下したから「別れる」のである。

つまり、つき合うのも別れるのも計算ずくなわけだ。

このような言い方をすると女性の読者の中には気を悪くされる方もいるかもしれない。だが、計算高いことは別に悪いことではない。生きていくため、子供を育てていくためには、経済の基盤が安定していることが必要不可欠だ。女はより安定した生活環境を築くために、より稼げる遺伝子を選ぼうとする。その本能の呼び声に従って自分の生活を見比べ、自分をとりまく男たちを見比べて計算しているだけのことなのだ。

一時流行《はや》った「三高」とは、その典型である。「背が高い、学歴が高い、収入が高い」は、いずれも「稼げる」が共通因子だ。「背が高い」のは、遠くが見えて獲物を見つけるのに便利だから。「学歴が高い」のは、現代は学歴の高いほうが、いい就職先を見つけられる可能性があると思われているからである。

「孕《はら》む性」である女の脳は、妊娠、出産、子育ての期間は「自分では稼げない」という前提のもとに設定されている。自分で稼げない以上、オスに経済的な支えを求めるのは当然のことであり、稼げるか、稼げないかという経済的な視点でオスを見るのも自然なことだと言える（もちろんこれは社会的に「女に稼ぐ力がない」と言っているのではない。あくまで、稼げなくなる事態を想定してプログラミングされているということだ）。

とにかく、女はこうした生物学的な理由によって計算高くつくられているものなのである。

●「何とかなるさ」は女には通用しない

一方、男のほうはどうだろう。

もちろん個人差はあろうが、基本的に「そんなに心配しなくても、カネくらい何とかなるさ」と思っている人が多いのではないか。たとえ職を失っても、そのときゃ、肉体労働だって何だってやるよ。彼女や女房のひとりくらい食わせられなくてどうする——なんて人も少なくないのではないだろうか。

前著でも述べたが、男とは、夢やロマンを食べて生きられる生き物だ。いまは貧しくとも、明日、山の向こうのでっかいイノシシをしとめてやるという計画があれば、それによって快感ホルモンのドーパミンを出すことができる。そのせいもあろうが、割合に楽観的なそろばん勘定をする人が多い気がする。「その気になればいつだってやれる。だからまあ、オレに任せとけよ」というわけだ。

だが、こうした理屈は女には通用しない。

経済にシビアな女脳は「いつかは何とかなる」などというアテにならない話には興味が

ない。１年後の１００万円よりも今日の１万円。男と違って、自分の目に見える範囲に幸せが転がっていないとドーパミンをなかなか分泌しないようにできているのである。

なぜ女はそんなに近視眼的なのか。その理由は女の肉体にある。

女は生理が始まって以来、約40年間、月に１回その肉体の一部が破壊される。前著でも解説したが、生理の前後で女の体調は大きく異なる。つまり、今日、元気でいても、明日も元気でいられるという保証はどこにもない、明日の朝起きたら、突然頭痛や腰痛が起こり、だるくて体が思うとおり動かなくなるかもしれないのだ。だから、今日一日を無事に、できればハッピーに過ごすことのほうが重要だ。

だから自分に自信がない。男には信じられないかもしれないが、一定でない体と心を抱えて何とか日常を正常にこなすことにエネルギーの大半を費やしてしまう。女が「癒し」を好む理由もここにある。

一方男の肉体はいつも一定だ。今日と同じ明日が来ることが当たり前だ。だから精神も一定であり、１年後も同じような自分でいると信じている。したがって、未知の世界に飛び込むことに躊躇《ちゅうちょ》しないし、「いつか必ず……」という設計もできる。

では、女が将来設計をしないのかというとそうではない。女だって将来設計は立てる。

しかし、それはまず、安全かつ安定設計が最優先となり、冒険はその次なのだ。男のような誇大妄想的荒唐無稽《こうとうむけい》な夢やロマンは持たない。不安定な体と心を抱え、子供にその自由を奪われる身としては、男のような夢やロマンは持ちづらいのである。

だから、更年期以降、体が出血という「肉体の破壊」から解放され、子育てを終えて自由になったとき、一気に「はばたき」たくなるのである。

さて、話を元に戻そう。

いつも「いつかは何とかなる」と聞かされながら、「いつまでたっても何ともならない」ような状況があまりに長く続くと女はどうなるだろう。

そう。「より稼げる遺伝子」を探そうとする女の本能が目を覚ます。そして、女の頭の中に組み込まれた計算シミュレーターがパチパチと音を立てて稼働し始めるのである。

●女の中には天秤がある

男の中には、女のこの計算シミュレーターの怖さを知らないか、知っていても少々みくびっている人が多いのではないか。だが、あまり呑気に構えていると、いつか痛いしっぺ返しを食らうかもしれない。

たとえば、熟年離婚。

折しも団塊の世代の大量定年が始まったところだが、２００７年度はこの世代の離婚が急増するのではないかと取り沙汰《ざた》されている。それというのも、２００７年4月から離婚時の年金分割制度がスタートしたからだ。この制度によって、妻は離婚後に夫の年金を分割して受け取ることが可能になる。これにより、これまで経済的不安から離婚を控えてきた「離婚予備軍」の妻たちが一気に離婚に踏み切るのではないかと予測されているのだ。

つまり、経済的に生きていける見込みが立ったなら、もうリタイアした夫に用はない。それよりも、もらえるだけの年金を受け取って、後はやり残した自分の人生を生きようというわけだ。「はばたきたい」女たちにとっては恰好《かっこう》の制度である。

「そんなの、ウチは大丈夫だよ」と鼻で笑う人も多いかもしれない。

だが、女を甘く見てはいけない。

女の中には常に「天秤《てんびん》」が存在する。

それは、「安定」と「刺激」の天秤である。「安定」は、産み育てる性の女にとっては何より不可欠だ。だから、その先に経済や生活の安定が見込めない限り、女はいまの生活を守ろうとする。だが、それでは欲求不満がたまるばかりである。女はより自分の欲求を満たしてくれる「刺激」をいつも心の底で求めている。具体的に言うなら、「もっといい生活をしたい」とか「もっと遊びたい」とか「もっとときめきたい」といった類《たぐい》の刺激である。そして、その「安定を手放せない」という気持ちと「もっと刺激が欲しい」という気持ちを、常に秤《はかり》にかけて見比べているものなのである。

言わば、この天秤によって「打って出るチャンス」を窺っているのである。

つまり、女とは本来的に「安心して楽しみたい」生き物なのだ。別の言い方をすれば、安定の基盤に立った変化を求めているといってもいい。だから、その先に「安定」さえ保証されているのであれば、女はチャンス到来とばかりにいまの生活を捨て、鞍替《くらが》えをすることに躊躇しない。

しかも、そういうとき、女は計算シミュレーターを働かせ、どっちが得かをかなりシビアにシミュレートしている。しかも、マイナスがゼロになっただけならまだ腰は上げない。マイナスが確実にプラスになるとシミュレートできたとき、初めて、新たな環境へ飛び込む。

女はこういう損得勘定をいつも一瞬のうちにパチパチパチッと働かせている。しかも、頭でそんな計算をしながら、何食わぬ顔をして口ではまったく別のことを言ったり普通に家事をしたりしている。男が呑気に構えている間に、空恐ろしくなるような計算結果がそこではじきだされている可能性は大きい。

さて、あなたのお隣にいる女性の「天秤」は、いまどのような状況になっているだろうか。

もし、ちょっとでも不安になったのなら、とにかく彼女の抱いている「損失感」を早く埋め合わさなければならない。そして、「やっぱりあなたといるほうが得だ」ということを彼女に植えつけなくてはならない。

何をもって埋め合わせるかは人それぞれだろうが、あまり損失感の「赤字」がふくらみすぎないうちに、損失補てんのようなつもりで女の望むような刺激を与えてやるといい。別に大幅に黒字回復しなくても、トントンかちょい赤字くらいの状態にまで戻しておけば十分だ。それくらいであれば、たいていの女は現状維持を選んでいまの生活を守る。

とにかく、天秤のバランスをキープしておこう。少なくとも、そうやって普段から気にかけていれば、女の計算シミュレーターがあなたといることに対して「大赤字」だと計算することはまずないだろう。

第2章

女はなぜ男の浮気に目を吊り上げるのか?

——男が知っておかねばならない女の性戦略のヒミツ

⑥ 男はなぜ「いい女」のことを無意識に目で追ってしまうのか？

●男は異性ハンターとして生まれついている

彼女や妻と肩を並べて一緒に歩いているとき、「おおっ」と目を見張るような美人があなたの視界をかすめたとしよう。あなたの目は、当然ながら横にいる彼女そっちのけでその美人に釘《くぎ》づけになるはずだ。ひょっとしたら、目だけではなく首まで美人の跡を追いかけてしまうかもしれない。

そんなとき、隣の女はブスッとふくれっつらをして言うだろう。「いま、あの女の人見てたでしょ」と。言われるだけならまだしも、手や腕をぎゅっとつねられるくらいの仕打ちは受けるかもしれない。

きっと、あなたは不服だろう。

なぜなら、男の脳は、いい女がいればそれを注視するようにできている。それは「異性ハンター」たるべく設計された男の脳が勝手にやっていることだからだ。いくら彼女や妻

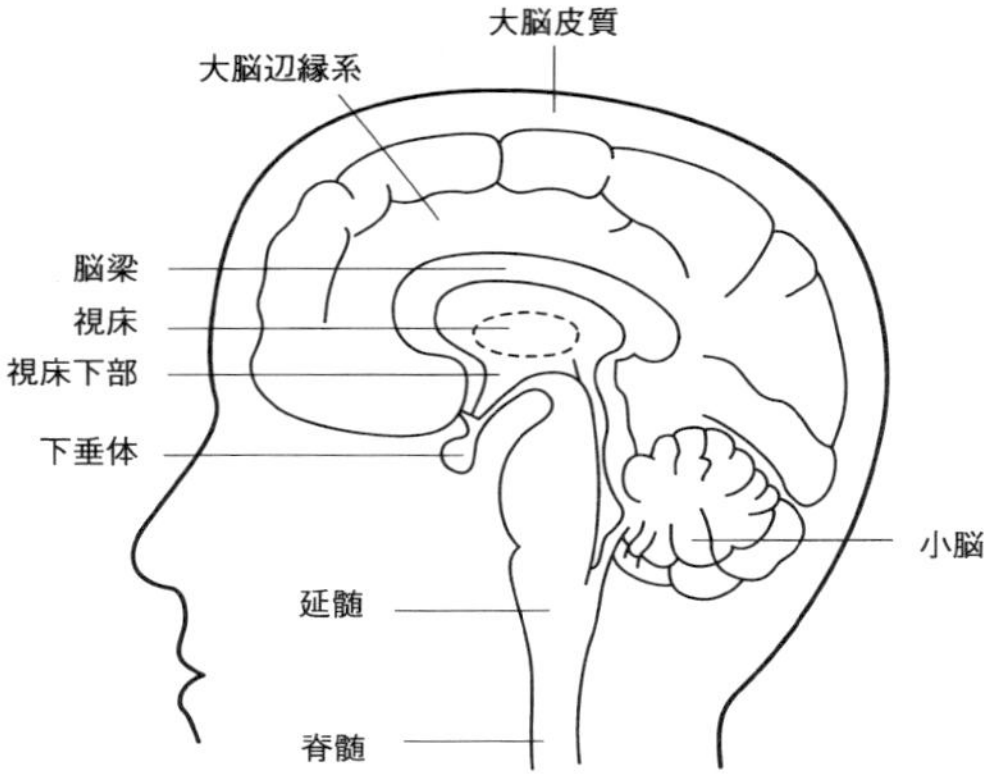

ヒト脳内における視床下部の位置
(引用:「感情の生理学──〝こころ〟をつくる仕組み──」
高田明和 著/日経サイエンス社・日本経済新聞社)

が怒ったとて、これぱかりはどうしようもない。

●男の性中枢の大きさは女の2倍以上

ここで、男女の脳の性的センサーの違いについて少し説明をしておこう。

基本的に、性に関する脳内の情報処理は2段階構造によって成り立っている。

1段目は視床下部である。視床下部は生命維持や本能に関する処理を行っているところ。言わば動物としての欲求を満足させるための「古い脳」であり、本能情動としての性欲はここの性中枢によってコントロールされている。性的な情報に無意識に反応したり、ムラムラッと衝動的に性欲が湧いてきたりといったことは、ここが活動することによって起こっているわけだ。

そして、2段目は大脳皮質である。大脳皮質は言うまでもなく、知性や理性、感情を司《つかさど》る脳。人間らしい活動の拠点となる「新しい脳」だ。オーガズムの快感や性的充足感を受け取っているのは、大脳の前頭葉であり、セックスをするかしないか、どうすれば快感を得られるかといった判断もここで行われている。

このふたつの段階は、どちらがより重要というわけではなく、互いに連携を取り合ってフィードバックしながら、一体となって性的欲求をよりスムーズに処理するように動いている。この基本構造は、男も女も同じである。

問題なのは、どちらによりウエイトを置いているか、つまり、視床下部にウエイトを置いているか、大脳皮質にウエイトを置いているかが、男と女でだいぶ違っている点である。

もちろん、視床下部段階、すなわち本能にウエイトを置いているのは男のほうである。本能的な欲望を生む性中枢は視床下部の「内側視索前野」というところにあり、ここには各種性ホルモンの受容体が多い。そして、この性中枢、男は女の2倍以上の大きさがあるのである。しかも、「したい」という欲求をつくり出すホルモンのテストステロンは男が10〜20倍も多いとされている。

つまり、男の脳は、視床下部段階での性的センサーがより発達していて、本能的欲求を高めやすくできているのである。ばら蒔く性である男は、狩りなどに出たときもいい女がいればサッと目がいく。呑気《のんき》にゆっくり欲求を高めていたら、他の男に女を取られてしまう可能性がある。だから、種を遺《のこ》すために、性的情報をいち早くキャッチできるように設計されているのであろう。

一方の女はというと、2段階構造のうちの大脳皮質段階のほうにウェイトを置いているといえる。本能よりも頭で考えるほうにウェイトを置いているわけだ。

そもそも視床下部のつくり自体も違っている。女の場合、性中枢が男よりも小さく、そこに影響するテストステロンの分泌も少ない。また、男と違って、性中枢に隣接する「腹内側核」という場所が性欲に大きく関与している。ちなみにこの腹内側核は満腹中枢のことであり、女に食欲と性欲がリンクしやすく、満腹時に性欲を高めやすい傾向があるということは、既に前作で解説した。

ともあれ、こうした性中枢の構造的違いから、女の脳は男に比べ本能的欲望を高めにくい。本能に衝《つ》き動かされるよりも、まずその情報を大脳皮質へ送り、じっくりと分析することを選ぶのである。そしてそれは、女が受け止める性であり、よりよい1個の遺伝子を得るためにじっくりと比較・検討をしなければいけない存在であることと無縁ではない。

そんなにたやすく高まっていては、ろくでもない遺伝子を宿してしまいかねない。だから、男があれこれと時間と労力をつぎ込まないと、女はなかなか高まってくれないようになっている。そして、男がそうやって苦心している間、女の性センサーはその遺伝子でいいのかどうかを検討する。女にはじっくり考える時間が与えられているわけだ。

●男は何も考えていなくてもそうなってしまうもの

さて、こういった理由で、彼女や妻と歩いているときでも、男はつい他の女を目で追ってしまうのである。

それは男脳にしてみれば、ごくごく自然な探索行動なのだ。しかも、それは大脳皮質で意識しているのではなく、視床下部レベルで無意識のうちに行われていること。何も考えていなくても、脳が勝手にそういう指令を出してしまうのだ。

そのとき、男の脳は「あそこにいる女と横にいる彼女とどっちがいい女か」なんて考えているわけでもなければ、「どっちのほうの胸が大きいか」なんて比較しているわけでもない。そんなこと、何も考えていなくても、目が吸い寄せられてしまうようにできているのだ。

だが、女の脳にはそれがわからない。

女だって日頃から男のことを見比べている。この彼とあの彼ではどっちが優れた遺伝子の持ち主だろうかということを、本能よりも大脳皮質レベルで比較・検討している。そのため、隣を歩く男が自分以外の女に目を向けたとき、男が自分と同じように（頭で考えて）比べているのではないかと思い込んでしまう。女がうるさく怒るのはそのためだ。

だから、デートの最中に「いま、他の女を見てたでしょ」と見咎《みとが》められたら、別に何かの考えがあって見ていたのではなく、自分の意思と関係なくても、無意識に見てしまうんだということを説明してあげよう。

多分これは、女が「小さいもの」にひきつけられ、すぐ「かわいいー！」と、声を発するのと同じ現象なのだろう。

「男の脳ってそういうふうにできてるんだ。視床下部レベルで脳が自動的にやってることなんだからしょうがないことなんだよ」と。

まあ、正直なところ、そう言って納得する女が果たしてどれくらいいるかはわからない。でも、男なら覚えておいて損はないのではないだろうか。

7 女にとってセックスはコミュニケーションの一部なのか？

●男は視覚刺激によって興奮する

男と女とでは何によって性的に興奮するかがまるで違う。

ここにおもしろいデータがある。男と女、それぞれ「何にそそられるか」についてまとめたアンケート結果だ（『話を聞かない男、地図が読めない女　男脳・女脳が「謎」を解く』アラン・ピーズ、バーバラ・ピーズ著／藤井留美訳／主婦の友社）。

男の場合。

1ポルノグラフィー　2女のヌード　3バラエティに富んだセックス　4ランジェリー　5（セックスを）やれるかどうか
そして、女の場合。

1ロマンス　2関わりあい　3コミュニケーション　4親密さ　5いやらしくない触れあい

このように、求めているものが男と女でいかに違うかが一目瞭然《りょうぜん》。つまり、自分がこんなにそそられているのだから、相手もそうだろうと考えるのは大きな誤りだというわけだ。

ところで、この結果でとりわけ目立つ違いは、男が視覚的な刺激に対して興奮すると答えているのに対し、女は相手との関係性をより重視するような回答をしている点であろう。

こうした差が表れるのにも、ひとつには脳のしくみの違いに原因がある。

たとえば、男女に同じポルノフィルムを見せ、脳のどの場所が反応するかを調べた実験によると、男に見せたときは視床と視床下部が瞬時に活性化したにもかかわらず、女に見せたときはほとんど反応がなかったという。また、別の実験では、性的な視覚刺激を与えられると、男の場合は視床下部に加えて扁桃体《へんとうたい》や海馬が活性化することもわかっている。

これらは、すべて「古い脳」である大脳辺縁系に存在する。

前の項目でも述べたように、男の脳は視床下部を中心とした本能レベルの性センサーがたいへん発達している。そして、その性センサーはとりわけ視覚的刺激に敏感で、ちょっとでも視界に性的情報を捉《とら》えたなら、欲求をスクランブル発進させてしまうようになっている。つまり、女の大胆に開いた胸元や、見えそうで見えないスカートの中に目が釘づけになってしまうようにできているのである。

●会話とセックスは切っても切れない関係にある

では、女の脳はどういう状況で性的に興奮するのだろう。

女の場合、その性センサーが本能よりも大脳皮質に重きを置いて動いているから、少々ややっこしい。大脳皮質で相手との関係性や状況の雰囲気を判断しているため、自分の立場や相手との駆け引き、その場の匂いや明るさといったさまざまな要素がからんでくるのだ。

ただ、ひとつ押さえておきたいのは、女にとってセックスはコミュニケーションの一部のようなものだということである。

セックスがコミュニケーションだって？

多くの男は理解に苦しむかもしれない。なぜなら、男にとってセックスは排泄《はいせつ》や食事と同じ生理的な行為であり、極端な話、その行為さえできれば、コミュニケーションなど必要ないと思っているからだ。

だが、女は違うのだ。

女にとっては、恋愛もセックスも会話がなくては始まらない。会話がなければ愛は深まらないし、セックスだって満足できないのだ。事実、「何でもフランクに話し合うカップルほどセックスの満足度が高い」という心理学上のデータもある。

それに、女の脳は会話によってより快感を得られるようにできている。

前著でも述べたことだが、女脳は脳梁《のうりょう》という左右の脳をつなぐ連絡通路が男に比べて太い。そのため、左右両方の脳を使ってより多くの情報を流通させることができ、たくさんの言葉を扱うことができるのではないかといわれている。そして、次から次にポンポンと言葉を繰り出すことによって快感物質のドーパミンを分泌するようになっている。女がおしゃべりなのは、話すことによって快感を得られるからであり、恋愛やセックスに会話が不可欠なのも、話すことによってドーパミンを分泌し、脳を盛り上げていく必要があるからなのである。

また、会話というものは、そもそも相手と自分の関係性を確認し、共感を得るために発達したものだ。女脳は「共感脳」。相手と自分がどういう位置関係にあるかを確認せずにはいられない脳だ。それに、女は恋愛やセックスのプロセスにおいて、その男が本当に安心して身を任せられるのかどうかを判断しなければならない。そうした自分の人生を左右するかもしれない場面に際し、たくさんの言葉を駆使して何度も「確認作業」を重ねるのは、ある意味当然のことだろう。

つまり、性センサーのウエイトを大脳皮質に置いている女にとって、会話は性的興奮に欠かせないアイテム。これがなくては盛り上がれないというくらい重要な役割を果たしているものなのだ。

だから、ろくに話もせず、ただ黙々とコトに励む男は嫌われる。

女にとっては、体のつながりよりも、お互いの心のつながりを確認することのほうがどれだけ重要かしれない。むしろ、心のつながりを確認するためにセックスがあると考えたほうが自然だろう。

そういう点から見ると、女にとってのセックスは、「つながり確認作業」のために必要なコミュニケーションのひとつのツールなのかもしれない。

●結婚生活の成否を握るのはやっぱり会話？

さて、女のセックスにコミュニケーションが不可欠な理由はおわかりいただけたと思う。だが老婆心ながらもうひとつ、つけ加えておこう。それは、こうしたコミュニケーションがあるかないかが結婚生活の成否に直結するということである。

ある研究では、妻がいらだったときに夫が会話を放棄してしまうと、妻のノルエピネフリン（ノルアドレナリン）とコルチゾールのレベルが上昇することがわかっている。これらはいわゆるストレスホルモンと呼ばれる物質で、会話が途絶えたことでこの上昇が見られるのは女だけで、男には変化が見られなかった。つまり、夫婦間で会話がなかったりネガティブな会話をしていたりすることは、女にとって大きなストレスになるのである。また、こうしたストレスホルモンのレベルが新婚時に高かった夫婦ほど、その後離婚する確率が高いこともわかっている。

すなわち、女にとってコミュニケーションが円滑にとれているかどうかは、セックスの満足度はもちろん、結婚生活全体の行方をも大きく左右する大問題なのである。

だから、男はもう少しこの「会話」の重要性に目を向ける必要があるのではないか。実際のところ男の脳はそんなにおしゃべりに向いたようにはつくられていないのだが、最近はまるでお笑いタレントのように口がくるくると回る男も多くなってきた。もちろんそんな流れるようなしゃべり方をしなくてもいいが、日頃は口が重い人も、女の前ではなるべく口を開くようにしてみてはどうだろう。そのちょっとした心がけや努力によって女との関係がうまくいくようになるのなら安いものではないか。

「安いもの」といってもその「しゃべる」という行為が大の苦手という男性もおられるだろう。そういう人はどうしたらよいのか。しゃべれないなら書けばよい。手紙は「しゃべり」よりももっと心の通じる場合もある。前述のようにメールでもよい。最近、家族間メールというのが流行《はや》っている。なかなか家族と会話をする時間のもてないお父さんたちには便利なツールだ。日頃父親と口をきかない子供たちでも、メールに「ウザイ」とは決して打ってこない。

それも面倒なときは、ひたすら妻の話を聞く。聞き方は前著に書いたとおり、ひたすら相づちを打って、まずは「ふーん」「ヘエー」「そう？」「なるほど」と感嘆詞を並べ、次に「それは困ったね」「それはよかったね」と共感し、もう少し上級クラスになると、「そのときどうしたの？」「相手は何て言ったの？」と質問をする。女にとって話を聞いてくれる相手がいることは幸せだ。話を聞いてくれる人は、必ず「いい人」になる。

とにかく、男と女の擦れ違いを語るうえでコミュニケーションギャップは避けて通れぬ問題である。これについては、また後の章でも述べることにしよう。

⑧ 男はなぜすぐに「あの女はオレに気がある」と思ってしまうのか？

●「体が目的なのね」と言われたら？

「男って、エッチなことしか頭に入っていないのよね。どんなにやさしく振る舞っても、しょせんは体が目的。最終的にセックスができればそれでいいんでしょ！」

つき合っている女からこんな言われ方をされたら、さあ、あなたはどう答えるだろうか。

次の3つの中からひとつ選んでください。

①「図星です。だから早くしようよ」
②「失礼な。セックス以外のことだってちゃんと考えているさ」
③「そんなことはないよ。僕は君の心が欲しいんだ」

まあ、①のように答える人はいないと信じる。たいていの人は②や③のような答え方をすることだろう。だが、②や③のように答えた人も、あからさまに本音を言ってしまえば、「セックスができればそれでいい」と考えている自分を全否定することはできないのではないだろうか。

男はそういうふうにできているものだ。

男はばら蒔く性。男の大目標は自分の遺伝子をできるだけたくさん遺《のこ》すことであり、それにはセックスをして射精をしなければ始まらない。だから男は、いつも無意識のうちに遺伝子の注入先を求めて女を探索している。たとえ、そう意識してはいなくとも、いつの間にかセックスの対象として女を見ていることが多いのだ。つまり、好むと好まざるとにかかわらず、どうしても性的バイアスのかかった目で女を見てしまう傾向があるわけだ。これは、テストステロンのなせるワザだから、仕方がない。それがないと、種は絶滅する。

●男は勝手に勘違いをする

これについて、おもしろい心理学の研究があるので紹介しておこう。

アメリカの大学生男女200人に10分間のビデオを見せて行われた実験のレポートだ。そのビデオの内容は「ある女子学生がひとりで大学教授の部屋を訪れ、『レポートの提出期日を何とか延長してください』と頼む」というシーンが録画されたもの。そして、学生たちはそのビデオを見て、そこから読みとれる女子学生の意図を答えさせられた。選択肢は次の3つ。

・女子学生は友好的に振る舞おうとしていた。
・女子学生はセクシーに振る舞おうとしていた。
・女子学生は教授を誘惑しようとしていた。

結果を集計すると、男子学生と女子学生とではやや違った見方をしていることがわかった。男女とも最も点数が高かったのは「友好的に振る舞おうとしていた」という答えであるが、「セクシーに振る舞おうとしていた」「誘惑しようとしていた」の2項目については、男子学生のほうが、女子学生よりもずっと点数が高かった。

この結果は、男が性的バイアスのかかった目で女を見ていることをよく物語っている。男は、たとえ女が親しげに振る舞ったり笑いかけたりするだけでも、その女が何らかの性的なアピールをしていると考えてしまいがちなのだ。つまり、女からすれば「ごく普通に接した」だけのことであっても、男はそれに勝手に性的な意味づけを加えて拡大解釈してしまうわけだ。

おそらく、こういう「拡大解釈」を男は常日頃から頭の中で行っているのではあるまいか。

たとえば、何度か視線が合っただけなのに「彼女はオレに気がある」と思ってしまったり、擦れ違いざまにぶつかっただけなのに「意図的にモーションをかけてきたのかも」と思ってしまったり、単に食事やお茶に誘われただけなのに「これはつき合ってほしいというサインなのかもしれない」と思ってしまったり……。

いかがだろう。冷静に考えてみれば勘違いもはなはだしいことはすぐにわかるのだが、男はそういうふうに物事を自分の都合のいいように解釈しがちなところがあるのだ。みなさんにも多少覚えがあるのではないだろうか。

●男は「その先」を期待してしまうもの

男のこうした拡大解釈は、とりわけそれが性的な意味合いを持つ情報であったときに大きくふくらむようだ。その自分本位の解釈は、もうほとんど妄想の域に近いといっていいだろう。少しでも女が思わせぶりな態度でも見せようものなら、勝手にその先、その先の展開を期待してしまうらしい。

単に食事をしようと言われただけなのに、「きっとオレに気があるんだ」→「よし、食事の後はマンションに送って」→「部屋に入れてくれたらもうOKってことだよな」などという想像を勝手に頭の中でふくらませている場合だってあるかもしれない。「（セックスが）できるかもしれない」という可能性がほんのわずかでも芽を出しているのであれば、男はその先を期待して勝手にその芽を成長させ、見まがうような大木を頭の中に茂らせてしまうものらしい。

女にしてみれば、まさかそんな事態になっていようとは夢にも思わない。自分はまったくそんな気がなかったのに、自分（の体）に対する男の期待がなぜそんなに大飛躍をしてしまうのかが理解できない。

もちろん、男と女のこうした見解のズレからトラブルが生まれることもしばしばだ。女にとっては「何度かしゃべったことのある人」という程度の認識だった男が、「君はオレのことを誘っていたじゃないか」と言ってきたり、女からすれば一度食事をしただけの間柄の男が、まるで恋人であるかのような振る舞いをし始めたりする。当然ながら、さまざまなあつれきが生じることだろう。

そして、そういう苦い経験を何度もしてきた女は、男に対して少なからず失望したり幻滅したりする。それで、「しょせん男って体が目的なのよね」というような固定観念を抱くに至ってしまうわけだ。

まあ、そうした擦れ違いが生まれるのも、本をただせば、性的バイアスをかけて物事を捉えてしまう男脳のなせるワザということになるのだろう。脳がそういうふうにできているのだから、ある程度はしょうがないことなのだが、せめて女を失望させないくらいの「わきまえ」はあってほしい。

女は男があらぬ妄想をしていることを機敏に察する。もしかしたら、「あ、いまいやらしいこと考えてたでしょ」とか「何考えてんのよ、エッチ！」なんて突っ込みを入れられてしまうかもしれない。言葉だけならまだしも、それ以来ずっと軽蔑《けいべつ》じみた冷ややかな視線を送られたり、セクハラだと騒がれたりするハメに陥る場合もある。

たとえ同じものを見ていても、男と女とではまったく違ったものの捉え方をしている。ぜひそのことをしっかりと頭に入れて、過剰に期待をふくらませるのは「ほどほど」にしておいてほしい。

⑨ 女はなぜ自分の浮気願望を否定するのか？

●「浮気は男の身勝手」って本当？

「実はオレ、人妻と浮気をしているんだ」

同僚からそんな話を打ち明けられたら、あなたはどんな気にさせられるだろう。

表面上は「おいおい、そんな危ない橋を渡るのはやめろよ」と言うかもしれない。だが、心の中ではその同僚を羨望《せんぼう》のまなざしで眺めたりしないだろうか。

ばら蒔く性である男には、より多く遺伝子を遺したいという本能的欲求が存在する。その浮気願望が自分の中にもあるのを認めているから、男は男の浮気を容認せざるを得なくなるともいえる。「男の浮気は甲斐性《かいしょう》」などと言われるのもそのためだろう。

だが、女の場合はどうだろう。

おそらく、「浮気」という言葉を聞いたとたん、眉《まゆ》をひそめるのではないだろうか。

とかく女は浮気を非難するものだ。自分のパートナーの浮気はもちろん、見ず知らずの他人が犯した浮気だって容赦はしない。しかも、彼女たちの中には「浮気は男の身勝手だ」という固定観念を持っている人が多い。

しかし、男だけを悪者にするのはちょっとおかしい。

浮気は男だけで成立するものではないし、必ずそこに浮気に同意する女がいる。女が浮気を受け入れているからこそ、男は浮気をできるのだ。なのに、多くの女はその事実に目を伏せ、見て見ない振りをする。

女たちが依怙地《いこじ》に浮気を否定するのは、いったいなぜなのだろう。

●「浮気で得た遺伝子を夫に育てさせる」という性戦略

男だけではない、女にだって浮気願望はある。

いや、よりしたたかに浮気を求めているのは、男よりもむしろ女なのかもしれない。ひょっとしたらあなたの彼女や妻だって、より優れた遺伝子を受け入れようと、こっそりと策略を練っている可能性がある。

どうしてそんなことが言えるのかって？

たとえば、鳥の場合。

鳥類には一夫一婦制をとるものが多い。巣をつくり、ヒナにエサを運び、オスとメスがつがいで行動をするさまは、人の目には実に仲むつまじく映る。そんな様子から「おしどり夫婦」という言葉も生まれたくらいだ。

だが、そんな鳥たちのＤＮＡを調べたところ、浮気の動かぬ証拠が続々と出てきたのだ。メスが巣にダンナのいない隙を見計らい、よりカッコがよかったり、より歌がうまかったりするオスを選んで体を許していることが判明したのである。

これは、より優れた生殖能力を持つオスから優秀な遺伝子をゲットして、より優れた子供を育てようとするメスの性戦略の一環だ。もちろんダンナは浮気の事実を知らない。そして、メスは何食わぬ顔で、浮気によって得た、より優秀な遺伝子を自分のダンナであるオスに育てさせるのである。

そして、人間の場合でも、これが当てはまるのではないかという研究もある。

イギリスで行われた性生活の調査で、不倫をしている既婚女性にセックスをした時期を尋ねたところ、自分の月経周期でもっとも排卵に近い時期、すなわちいちばん妊娠しやすい時期に不倫相手とセックスをしている場合が多いことがわかったのである。もちろん排卵前に最も性的欲求が高まるという女の体の仕組みも加味されているが、それも含めて、結局不倫をしている女には、日常の生活は自分の夫に守ってもらい、不倫相手からはより優れた遺伝子を受け取りたいという性戦略が働いているのではないかというわけだ。

●女は「安定」と「刺激」を両立させたい

それにしても、「夫との生活の安定」と「浮気相手の遺伝子」の両方を手に入れたいとは、なかなか虫のいい話だ。だが、よくよく考えてみれば、そんなに驚くにはあたらないことなのかもしれない。

先にも述べたように、女の中には「天秤《てんびん》」がある。

それは「安定収入のある夫との平和な暮らし」と「白馬に乗った騎士とのアバンチュール」というふたつの選択肢を皿に載せた天秤だ。

そして、その天秤はおそらくどんな女にもある。安定した暮らしは、平和ではあるが単調で退屈なものだ。多くの女たちはそんな日常に飽き、ときめきと変化を求めるようになる。「安定」と「刺激」とを秤《はかり》にかけ、うまく両方を手に入れる方法はないものかと考えるようになるものなのだ。

たとえば、「ベッカムさま」や「ヨンさま」に夢中になる主婦を思い浮かべるといい。

彼女たちは「白馬に乗った騎士」をベッカムさまやヨンさまに見立てることで、自らのときめき願望を満たしているのだ。つまり、擬似的に浮気をしているようなものなのである。

私のクリニックに来る主婦たちも、まるで口をそろえたように「ときめきが欲しい」と話す。変化のない日常に飽き、「ときめきたい」という思いを叶《かな》えるにはどうすればいいかを常に模索している。快感ホルモンのドーパミンが分泌するような刺激的対象を希求しているのだ。彼女たちは、言わば潜在的な「浮気予備軍」だと言うことができるだろう。

ヨンさま相手に浮気願望を満足させてくれているうちはまだいい。もし、さまざまな条件がクリアされた状況下で颯爽《さっそう》と白馬の騎士が現れたなら、天秤にかけ、「騎士とのアバンチュールを選んでも、自分の身の安定に支障がない」という判断さえ下れば、より優秀な遺伝子を前にして女が二の足を踏む理由はないのかもしれない。

●浮気は打算的な行為である

しかし多くの女たちはそれほど浮気をしない。

なぜなら、「安定」も「刺激」も両方とも満たしてくれる白馬の騎士など、滅多《めった》なことでは現れないからである。

中にはそういう条件を満たす男もいるかもしれないが、そういう魅力的なオスは数に限りがある。そんなオスに出会えるのはほんのひと握りであって、大多数の女にはそんな幸運は巡ってこない。つまり、たとえ浮気をしたくともできない状況である場合のほうがずっと多いのである。

そうなれば、女は本意ではなくとも「いまの夫との安定した暮らし」を続けざるを得ない。より自分の身の安全が保証される生活として、現状維持を続けざるを得ないのである。そして、そうした自分の境遇を保全するためには、女は浮気を否定せざるを得ないのだ。夫の浮気相手は、当然自分の安定した生活を脅かす存在になる。いまの暮らしを維持したい女としては、絶対に浮気を肯定することはできない。それで自分の身を守る都合上から、浮気を目の敵にするようになるのである。

つまり、多くの女が浮気を否定するのは、道徳や倫理の問題からだけなのではない。「本当は自分だって浮気をしたい」→「でも、それが叶わないなら、せめてこの暮らしは手放したくない」→「だったら、『浮気なんてもってのほか』という態度をとっていなくてはならない」といった極めて打算的な思惑が働いているからだと言える。

よく昔から「女の浮気は男に比べて質《たち》が悪い」とか「女の浮気は発見しづらい」などと言われる。きっとこうした言葉も、本能に衝き動かされて浮気をする男に比べ、女の浮気はよく頭で考え練られ、巧妙に計算された結果の行動であることを表したものなのだろう。

とかく、女心というものは、こうした矛盾を抱えて考え悩み、いつも揺れ動いている存在。結構奥の深いものなのだ。だから、女の浮気願望はしばしば文学のテーマとして取り上げられる。考えてみれば、世界中の名だたる文豪が女の不倫を描いている。スタンダールだって、バルザックだって、トルストイだって、それに紫式部《むらさきしきぶ》だってそうだ。

別にいまさら「不倫は文化だ」なんて言うつもりはないが、歴史上、不倫や浮気がかくも思慮深く重ねられてきたことも、文学や芸術の隆盛につながるというのは、ある意味当たっているのかもしれない。

⑩ 男の「浮気」はなかなか許されない。でも、「浮体」なら許される？

●「許せる浮気」と「許せない浮気」

私のクリニックを訪れたある若い女性は言った。

「私、彼が他の女と寝たことがわかって、もちろん怒りました。でも、彼が謝って『浮気じゃなくて、浮体だよ』って言うから、しょうがなく許してあげたんです。浮気だったら、絶対に許さないつもりでいたんですけど……」

私は首をかしげた。はて、「ウワタイ」とはいったい何ぞや？

彼女の説明によれば、「浮体」とは、要するに体の欲求による情事のこと。浮気は「気持ち」が浮ついてしまうものだが、浮体は「体」が浮ついてしまうもの。相手の女に気持ちごと持っていかれる浮気は許せないが、男の体の欲求からくる迷いでかりそめの関係を結んだだけの浮体なのであれば、まあ、何とか許せる余地がある——と、だいたいそのような理屈らしい。

それを聞いて、私はいたく感心してしまった。

なぜなら、かねがね、男と女とでは浮気の受け止め方に大きい差があると感じていたからである。

同じ浮気でも「許せる浮気」と「許せない浮気」とがある。そして、その尺度は男と女ではまったく違う。男は女の「精神的な浮気」なら許せるが「肉体的浮気」は許せない。一方、女は男の「肉体的浮気」なら許せるが「精神的浮気」は許せないのである。

お互いの脳と体の違いをよく表しているといってもいい。

●男は自分の遺伝子かどうかを確かめたい

ところで、仮に、あなたが恋人の浮気を知ってしまったとしよう。あなたは次のＡとＢのうち、どちらのシチュエーションに大きいショックを受けるだろうか。

Ａ　恋人が別の人に強く心をひかれ、互いに信頼し合い、秘密を共有していたことを知ったとき

Ｂ　恋人が別の人と熱情的なセックスを楽しみ、さまざまな体位を試していることを知ったとき

実はこれ、ある心理学者が男女の嫉妬《しっと》心について調査した際の設問である。調査の結果、大多数の男はBのケースで大きいショックを受けると答え、また、大多数の女がAのケースで大きいショックを受けると答えたという。おそらく、あなたもこれと同じ回答を選んだのではないだろうか。

この結果は、すなわち、男は「女との肉体的なつながり」が断たれることを怖れ、女は「男との精神的つながり」が断たれることを怖れていることを物語っている。

なぜこのような差が生まれるのだろう。

男が女との肉体的つながりに固執するのは、本能的危機感によるものだろう。

自分のパートナーの女が他の男と肉体関係を結べば、当然ながら他人の遺伝子を宿す可能性がある。それは男にとって、自分の遺伝子を遺す機会を奪われるかもしれない非常事態である。しかも、男は、たとえ女が子供を産んでも、その子が本当に自分の遺伝子を受け継いだ子なのかどうかDNA鑑定をしない限りわからない。その子が自分の遺伝子を持つということを証明するには、極端に言えば、その女を囲っておいて自分だけとしか肉体関係が結べない状態に置いてあったことを立証するしかないだろう。つまり、きちんと自分の遺伝子が宿っていることを信じるには、肉体的つながりによすがを求めるしかないのである。

だから、男は、たとえ女との愛が冷め、女の心が別の男に向いていようとも、それでも「その女との肉体的なつながり」を維持し、他の遺伝子を寄せつけないでいることを重要だと考える。男は、女の肉体的な浮気は断固として許せない。女が「たしかに体は許したけど、心までは許してないわ」といった言い訳をしても、たいていの男は許すことができないのである。

●女にとっての生命線は肉体よりも心

一方、女の場合、たとえ誰の種であろうと、自分が産んだ子は必ず自分の遺伝子を受け継いだ子である。自分の遺伝子だとわかっている以上、肉体的つながりにそんなにこだわる必要はない。それよりも女にとって大切なのは、男が子供と自分の面倒をみてくれるかどうかという点である。

女は、男が隙さえあれば浮気をする生き物だということをよく知っているし、愛がなくともセックスができる生き物だということもよく心得ている。そして、そんな男と自分をつなぐ生命線は、肉体よりもやはり心だという思いがある。だが、万一パートナーの男が他の女に完全に心を奪われてしまったならどうだろう。一気に生活の経済的基盤を失ってしまいかねない。肉体だけでなく心のつながりまで取られてしまったら、母子ともども路頭に迷ってしまうのである。

だから、女は、男の肉体的な浮気は許せても、精神的な浮気は許せない。たとえ、男が他の女と肉体関係を結ぼうとも、それが愛のない「火遊び」なのであれば許すこともできるだろう。しかし、他の女を精神的に愛してしまうことは、絶対に許せないし、女にとって決してあってはならない事態なのである。

●合言葉は「オンリー・ユー&フォーエバー」

さて——。

古今東西、浮気が男女間の不和を招くいちばんの原因であったことは疑いの余地がない。

だが、いままで見てきたように、男と女とでは浮気に対するものの見方や考え方がまるで違っている。そもそもの立脚点からして違うのだ。こうした男女差をうまく利用すれば、ひょっとしたら浮気によって直面した危機をうまく回避することもできるかもしれない。

そう。女は、男の愛のない肉体的浮気、つまり「浮体」なら許してくれる可能性が万に一つはある。だから、もし不幸にも浮気が発覚してしまったなら、「心はいつも君だけに捧《ささ》げているんだ」「心はずっと君だけのものなんだよ」といったセリフを何度も繰り返し唱えることだ。

つまり、「オンリー・ユー＆フォーエバー」。

古典的な策ではあるが、これに優《まさ》る策はない。女は自分が男にとって特別な存在であり、心が愛でつながっていることさえ確信できれば安心する。だから、とにかく愛の言葉をひたすら繰り返すのだ。

そう、ひたすら繰り返さなければならない。何せ女の感情記憶はバケツで、バケツの下にはタライがあって、こぼれた水はカスケードのように流れて下にたまるのみ。男が一度犯した浮気は、一生ペナルティとして女の記憶に残り、ことあるごとに蒸し返されるからだ。

一度失った信用を回復する困難さは仕事と同じで、また最初からコツコツと築き上げていくしかない。もちろん言葉だけでは不十分だ。「口だけよ」と軽くあしらわれてしまう。実績が伴わなければダメだ。

おそらく昔から、男たちはそうやって幾多の危機を乗り越えてきたのだろうし、それもひょっとしたら遺伝子に組み込まれていることなのかもしれない。

第3章

なぜ女は美しさに縛られ どうして男はひきこもるのか？

——男と女の行動を縛っているものはいったい何？

11 女はなぜ整形までして美しくなろうとするのか？

●美しさは生殖能力の高さの指標

美形の女と結婚して子宝を授かったものの、その子供が自分にも妻にも似ていない。妻に「本当にオレの子か」と問いただしたところ、何と妻が整形美女であったことがわかった――ありそうな話だ。

男にしてみれば、詐欺にでも引っかかったような心持ちにさせられることだろう。

そもそも、男は生殖能力の高い女を「美しい」と認識するものだ。くびれたウエストと大きいヒップは受胎する力の高い証拠だし、小さな顔やあご、プルプルとした唇《あかし》、そして上向きのプルンとした乳房《ちぶさ》などは女性ホルモンのエストロゲンの分泌が高い証だとされる。また、均斉のとれた美しい顔立ちやスタイルは免疫力が高く健康な証。男たちは本能の部分で、その美しさを女が健康な子供を産めるかどうかの指標にしているのである。

また、そうした美しい女と連れ添うことが、男にとっては社会的ステータスを上げることにつながる。美女と歩けば周囲の男から羨望《せんぼう》のまなざしが注がれ、地位が向上したかのような優越感を味わうことができる。そのプライドを刺激する快感が欲求に拍車をかけ、男はよりランクが上の美人を求めるようになるのである。

それなのに、自分が選んだ女が「整形美女」であったということがわかってしまったら……。男は天を仰いで「そんなのズルいよ」と声を荒らげるだろうが、女にしてみれば、整形してしまえば、以前どんな顔だったのかなんて、女自身も覚えていない。よく元のお店が壊されて、新しいお店が建つと、そこに以前何があったかなんてわからなくなってしまうことがあるが、それと同じである。いまの私が本当の私になってしまうのだ。

●女にとって美しさは生き残るための手段

それにしても、いまや美容整形は立派に市民権を得て、顔や体にメスを入れようとする女が引きも切らない。最近はメスを使わず、簡単な注射やレーザーで整形できる「プチ整形」が可能になったから、女たちはますます美容整形に走るようになった。男からすれば、どうして整形までして美しくなる必要があるのか、女の気持ちが理解できないのではなかろうか。

だが、女にとって美しさは最上級の価値。自己存在に関わる問題だといってもいい。世の男たちはもちろん、社会全体が女に美しくあることを求めている。女はとかく周囲が自分に対して下す評価を常に気にかけているものだが、その周囲の評価基準のトップに位置づけられているのは、やはり「美人であること」なのである。

ところが美しさには基準がない。だから女たちは多様な美を求めて迷走するのである。女性のファッション誌を見ていると、何が求める美しさなのかわからなくなる。男が求める美しさもまた多様なのであろう。

●「男の魅力」をめぐる男女のギャップ

男が女の美しさにひかれるのに対して、女は男の何にひかれるのだろう。やはりハンサムな顔なのだろうか、それとも体のたくましさなのだろうか。

アメリカのあるアンケートによると、こうした「男の何が魅力か」については、男と女とでだいぶ違った見方をしていることがわかっている。男が「女が称賛する男の魅力」を予想して挙げたところ、「たくましい胸と肩」「たくましい腕」「大きいペニス」といった項目が上位に並んだ。だが、女に実際に男の魅力を挙げてもらったところ、「小さくてセクシーな尻《しり》」「細さ」「平らな腹」といった項目が上位に並び、男がリストアップした要素はかなり下位のほうだったのである。

つまり、多くの男は、体のたくましさやペニスの大きさ、精力の強さといった要素を女が求めていると勘違いしていることになる。そういえば、よりたくましい筋骨隆々の体を得るためにジム通いをする男は多いし、セックスの持続力や勃起《ぼっき》力がつくという触れ込みの精力剤を求めたり、何とかバイアグラを手に入れようとしたりする男も少なくない。「強くなりさえすれば魅力ある男になれる」という思いにとりつかれているのだろう。

そういう点を考えれば、「美しくなりさえすれば幸せになれる」という思いにとりつかれて美容整形に走る女たちのことを、男はそんなにとやかく言えないのかもしれない……。

しかし、「美しくなる」ことで女たちは、自信がつき、言動が積極的になって、その結果ますます輝いてくる。生殖年齢をとっくに過ぎた女たちだってそうなのだ。

男たちだって、ダイエットしてエクササイズをして、お腹がひっこんだり、ズボンのベルトがゆるくなったりすれば、うれしくて自慢する。20代の若くて元気でカッコよくて女にもてた（？）自分に戻れるような気になるのだ。実際、アンチエイジングの世界では、テストステロンを使用すると男は体脂肪が減って体が締まってくる。

ただ、多くの男たちは「男は外見じゃない」と思い込みたいから、あからさまにボディメイキングに励まないだけだ。老年期に入っても、恋をした男性はとたんにオシャレになる。

結局、男も女も、「美しさ」は性ホルモンが分泌されて性殖能力が高いことを意味する。だから男も女も「美しさ」を求めることは、つまるところ「リビドー」であり、生きるエネルギーなのである。

12 男はなぜ美人を助けたがるのか？

●もし『電車男』のヒロインが美人でなかったら……

少し前に評判になった『電車男』は、電車内で酔っ払いにからまれている美人を、あるオタクの青年が勇気を奮い起こして救出するシーンから始まる。だが、もしその酔っ払いにからまれる女が美人でなかったとしたら、果たして青年は勇気を出して席を立っただろうか。

なぜ、いきなりそんな興醒《きょうざ》めなことを言うのかというと、男というものはたいてい美人を助けたがるものと相場が決まっているからである。

男が美人を助けようとする背景には、生殖能力の高い女を守りたいという意識が働いている。そういう女が自分の援助によって窮地を脱することができれば、男はそれだけでもうれしい。だが、もちろんそこには、助けてあげればその女から感謝され、好意を持たれるはずだという読みも入っている。つまり、生殖能力の高い女に自分をアピールするまたとなないチャンスだからこそ手をさしのべるのである。

きっと、『電車男』の青年も、そういう意識があったからこそ、奮い立つことができたのではないだろうか。

●好きな男に意図的に援助を求める女

しかも、男女間に「助ける」「助けられる」という相互関係ができると、「助けられた側」よりも「助けた側」が相手に好意を抱くようになる。『電車男』の例で言えば、車内で助けた女に対し、青年がますます恋してしまうのである。

どうやら、男は自分が助けた女に好意を持つ生き物らしい。

そして、この「男は自分が助けた女を好きになる」という法則性を、女は無意識的に心得ているようだ。その証拠に大多数の女は、男に助けを求めることに躊躇《ちゅうちょ》をしない。援助を受けることで好意的に見てもらいたいのである。

中でも、意中の男に対しては、女は積極的かつ意図的に助けてもらおうとする。その男のハートを射止めるためにすすんで援助を請うのである。幼稚園や小学校などでも、よく女の子が席を並べる好きな男の子に対して「これ、できなーい。○○ちゃん、やってー」

などと援助を求めている。本当はひとりでできるのに、わざとできないフリをして援助を求める場合もある。もちろん子供だけではない。合コンなどで狙った男を振り向かせるために、演技をして援助を求めている女は結構多いのではないだろうか。

こうしたことからわかるように、女は男から「助けられる」ということに、たいへん特別な価値を見出《みいだ》しているものなのだ。

●男は「英雄物語」女は「救出されるお姫様」

ところで、こうした「助ける男」「助けられる女」という役割構図は、男と女の頭にほとんど刷り込み的に植えつけられているといっていい。つまり、いつの時代も男は「困難に立ち向かう正義のヒーロー」であり、女は「王子様に助け出されるお姫様」なのである。

簡単に説明しよう。

男はいつもヒーローになることを夢見ている。それは、手強《てごわ》い敵に立ち向かい、その戦いに勝利して、みんなから称賛を浴びる――そんな英雄だ。男性ホルモンのテストステロンにはもともと攻撃性増加作用があり、より人の上に立ちたいという欲望を刺激するようになっているといわれている。だから、男は子供の頃からカッコいいヒーローたちの物語を繰り返し見聞きしてはあこがれ、その主人公に自分を重ね合わせている。

そして、自分もいつか「英雄物語」の主人公になりたいと思っているのだ。電車の中で困っている美人を助けるのも、困難に立ち向かっていい結果を出すことで、ヒーローとして見られたいという願望があるからにほかならない。

一方の女は、いつも自分を助けてくれる王子様の出現を待っている。塔に閉じ込められた不幸な境遇の自分をいつかこの場所から救い出してくれる――そんな存在を待っているのだ。『白雪姫』でも『シンデレラ』でもそうだが、女の子の夢見る物語には、不幸な人生から自分を解き放ってくれる王子様の存在が不可欠だ。そうしたスーパーマンによって助け出される主人公に自分を重ね合わせているわけだ。

そしてそれは、女が外の世界に飛び出していくためには、男の力が必要であることを示唆している。女は、子供を産み育てていく必要上、その土地で他のみんなと協調して暮らしていかなければならず、基本的に自分が属するコミュニティを離れられない状況にある。そうした状況を変えてくれ、別の世界に連れ出してくれるのは、やはり自分に好意を持つ男の存在なのである。

だから、女は、自分を助けてくれる男を出現させるために、美しさにより磨きをかけようとする。女性ホルモンのエストロゲンを活性化させ、肌や髪の色つやをよくしてより自分を美しく健康に見せようとする。つまり、生殖能力が高いことを見せつけて、男をひきつけようとするわけだ。

そういう意味では、女は、男から助けられたいがために、より美しくなろうと努力しているのだと言っていいのかもしれない。

●「私を助けなかった人」というレッテルを貼られたらたいへん

このように、女には「助け出されるヒロインでありたい」という潜在願望が根強くある。そして、それは日頃から女が「あの人は私を助けてくれるか、それとも助けてくれないか」という尺度で男を見ているということになる。すなわち、自分を助けてくれるかくれないかが男の価値を決める判断基準になっているわけだ。

だから、世の男たちは気をつけなければならない。

たとえば、女があなたに助けを求めているのに、あなたがそれを無視したり、気づかなかったりしたとしよう。

女はその日から、「あのとき、私を助けてくれなかったあの人」とか「手すらさしのべてくれなかった冷たい人」といったレッテルをあなたに対して貼ってしまうに違いない。ひょっとしたら、そのときに助けてくれなかった「恨み」を、以後何年もの間ずっと持ち続ける可能性だってある。

男には大げさに感じられるかもしれないが、女たちにとっては、「助けてくれるかどうか」がそれだけ重要な問題なのだ。

つまり、女は男に対して、いつでも自分のSOSに助けに現れるスーパーマンであることを求めている。やっぱり頼りがいが大切。たとえ見かけは頼りなくとも、いざというときには駆けつけてくれる存在でいてほしいのだ。

そんなことといったって、いまの社会、男が女を助けてヒーローになるチャンスなんてないじゃないかと思っている男性も多いかもしれない。大丈夫！　チャンスはいくらでも転がっている。あなたの傍らにいる女性が、パソコンの調子が悪くて困っているとき、残業してても仕事がなかなか終わらないとき、妻が天井の電球を付け替えようとして届かないとき、床に牛乳をこぼして子供が泣いているとき、出番はいくらでもある。エッ、そんなことでいいの？　と男性は思われるかもしれない。そんな簡単なことでいいんです。

それでも女はうれしいのだ。

⑬ 女はなぜ執拗なほどにやせることにこだわるのか？

●「みんなと同じようにキレイになりたい」

「私の周りって、みんなキレイでスタイルのいい人ばっかりなんだもん。太ってるのなんて私だけ。だから、私もみんなみたいにやせてキレイになりたいの……」

クリニックを訪れる若い女性たちは、よくこのように私に訴える。たいていはまったくやせる必要などないような外見の持ち主である。だが、彼女たちのダイエット願望はとどまるところを知らず、中には拒食症、過食症といった摂食障害に陥る人も少なくない。

なぜ、そんなにまで女はやせることにこだわるのだろうか。

特徴的なのは、「自分がやせたいかどうか」よりも「みんなと同じようにキレイになりたい」という思いがたいへんに強いことだ。自分の意思よりも、「みんな」という他人と比べた評価にこだわっているのである。

先にも述べたように、女は周りの評価を過敏すぎるほどに気にするものだ。とりわけ、

「美しいかどうか」という評価は、女にとって自分の存在価値を左右するくらい重要なことだ。だから、女は自分が属するコミュニティの中で、自分と他のみんなとどっちが美しさにおいて優れているかをさかんに競い合うようになる。だが、競い合うといっても、それは何も突出した美しさを求めているわけではない。あくまで「みんな」と同じレベルで微妙な優劣を競い合っていることが大切なのだ。

狩猟採集時代、女は男たちが狩りに出た後の村を、女同士の結束を固めることによって守ってきた。女はそうした「群れ」の力をよく知っていて、その輪からはみ出るハメになったらひとりでは生きていけないことも心得ている。そうした女の群れの中では「横並び」が原則で、極端に美しすぎたり極端にみすぼらしかったりするのは嫌われるもとになる。そこで、女は目立ちすぎず見劣りもせず、「みんな」と同程度の美しさをキープすることに躍起になるのである。

すなわち、「みんなと比べたときの自分の位置づけ」が自己評価に直結してしまっているというわけである。

さらに「やせれば若く見える」「やせれば美しくなる」という考えは、イコール男に助けてもらえる確率が上がる、という計算が背後で働いているから起こるのである。前項で述べたように、男たちが若くて美しい人を積極的に助けたがるのを、無意識に知っているからである。

⑭ 女はなぜ、決まって「無口な男は嫌いなの」と言うのか？

●口下手な男は浮かばれない世の中

昔、「男は黙ってサッポロビール」というコマーシャルがあった。

その頃にはまだ、「いい男は、そんなにぺちゃくちゃとおしゃべりをするもんじゃない」という気風があったように思う。また高倉健のように、何も言わずとも背中で語るようなダンディズムが、魅力的な男の条件のひとつとしてもてはやされてもいた。

ところがいまはどうだろう。

しゃべりがうまく、おもしろくなければ、男も浮かばれない時代になった。仕事でも口が立つほうが受けがいい。雄弁なほうが「有能」と思われる。黙ってコツコツなんてやっていては、いつまでたっても出世を望めない。女だって、口下手な男には振り向きもしない。健さんばりに背中で哀愁を漂わせていようが、口で説明をしない限り、気づきもせずに素通りしていってしまう。おかげで、男は口が立たなければ、結婚はもちろん、女と知り合う機会すらできないのではないだろうか。

中年男だって「ちょいワル」や「ちょいモテ」の口先上手がもてはやされる時代だ。なぜこれほど、寡黙な男が敬遠されるようになってしまったのだろう。

●男の脳はそんなにおしゃべりには向いていない

女たちは口々に言う。

「無口な人は嫌いなの」「話がおもしろい人じゃないとダメなの」「一緒に話をしてて楽しい人が好みなの」――。

女の脳はおしゃべりが得意なようにできている。特に感情に基づく発語は、男性よりもずっと早く、活発だ。左右両方の脳を使ってポンポンと言葉を繰り出すことができ、そうすることによって快感ホルモンのドーパミンが出るようになっている。そうやって普段からおしゃべりによってドーパミンを出していないと、日々の不満やストレスをためてしまうのだ。だから、自分たちのテンポに合わせてパートナーの男がおしゃべりにつき合ってくれるなら、女にとってそれほどうれしいことはない。女が一様に「話がおもしろい男」を求めるのは、脳の構造からいっても自然なことである。

しかし、だからといって「話がおもしろくない男はダメ」といったレッテルを、当然のように貼ってしまっていいのだろうか。

男の脳はもともとそんなにおしゃべりに向いたようにはできていない。

男脳は左右の脳の役割分担が比較的はっきりしていて、物事を論理的に組み立てたり専門性の高いことを追究したりするのが得意なようにできている。したがって左脳を使って行われる意志に基づく発語については、男は女に劣らない。しかし男は左右の脳をつなぐパイプが細いので、両方の脳を使って感情的なことをしゃべる女と同じようには、そうポンポンと言葉が出てこない。つまり、言葉を繰り出すのに女よりも努力が必要なのだ。

だから男は概して、「まあ、言わなくてもわかるだろう」というくらいのことは、できれば言葉を出さずに済ませたい。わざわざ言葉にしなくても、わかっていてほしいのである。もちろん、その話題が「別に話す必要がない」と思うようなことなら、その話に積極的につき合いたくない。必要がないことを話すなんて、男にとっては時間と労力の浪費だ。女のように感情のおもむくまま無意味におしゃべりを続けることなど、何の意味もないし、つき合うだけ無駄だと考えている男も多いのではないだろうか。

このように、男の脳は基本的に「できればしゃべらずに済ませたい」と物事を考えるようにできている。おそらく、中には、他人に合わせておしゃべりをしなければならない状況が苦痛に感じられるくらい苦手意識を持っている男も少なくないのではないか。きっと、女とつき合いたくとも「おしゃべりにつき合うのは嫌だ」という理由で、コミュニケーションを拒否しているような男もいることだろう。

つまり、「しゃべること」に対する価値の置き方が、男と女とではまったく違っているのだ。

だが、これはもともと脳の性差からくる違いだ。

第1章で説明したように、ネガティブな感情と結びついた脳活動は、女性では言語を司《つかさど》る大脳皮質に集中しているのに対し、男性では、情動を司る大脳辺縁系の扁桃体《へんとうたい》に集まる。

私のクリニックを訪ねる男性たちが感情を表現することが苦手なのは、脳の構造上当然なのだ。男性にとっては事実関係を説明するほうがずっと楽なのである。だから、感情と結びついた脳をこじあけようとすると、かえって相手を苦しい立場に追い込むかもしれない。ネガティブな感情を覚えると、男は逆に口数が少なくなっていく。脳が閉じるのだ。女は嫌なことがあると、脳が開いてしゃべりまくる。

そういう脳の違いからくる問題なのにもかかわらず、昨今のように「女に合わせて話をできない男はダメだ」というような風潮ばかりが幅をきかせてしまうと、男はかわいそうである。

●「15分間」は話につき合うスキルを身につけよう

では、いったいどうしたら、このコミュニケーションギャップを埋めることができるのだろう。

やはり大切なのは、男と女とがお互いの脳の特徴を知って歩み寄ることだ。

女はまず、「男は概してしゃべることが苦手なんだ」ということをもっと理解しなければならない。会話が少ないのは、別にその男が冷たいからではない。それをしっかりとわきまえたうえで、男の会話ペースを尊重し、そのペースに自分を合わせていく努力が必要だろう。しゃべらないことを責めてはいけない。

それに対し、男はもっとコミュニケーションスキルを磨かなければならない。別に女のおしゃべりのテンポに無理に合わせる必要などない。だが、最低限のコミュニケーションすらとらなければ、お互いの関係には進展も改善も生まれない。女はどうしても、ある一定時間話を聞いてくれないと、「あ、この人は冷たい」と思ってしまう。だから、最低限の時間でいいから、女の話につき合えるだけの「話す技術・聞く技術」を備えておかなければいけない。

では、最低限どの程度のスキルを身につければいいのか。

私見では、「15分」が目安になると思う。

日頃私が行っているカウンセリングでも、15分間自分の中の思いのたけを話せばたいていの患者さんがとりあえずは満足する。だから、せめて15分間、女のおしゃべりにつき合い、話を合わせるのを目標にするといいのではないだろうか。

2時間も3時間も女のおしゃべりにつき合わされたら、男は到底身が持たない。そんなろれつの回りすぎる女に対して恐れをなしていた人も、「最低、15分間でいい」ということになれば、だいぶ光明が見えてくるはずだ。

ともあれ、会話がなさすぎるのは女にとってストレスになるし、長々と会話をしなくてはならないのは男にとってストレスになる。相手の「しゃべること」に対する感覚は自分と同じなのではない。男も女も、それを肝に銘じたうえで異性とコミュニケーションをとろうとする姿勢が必要なのではないだろうか。

15 女はなぜ拒食に走り、男はなぜ自分の世界にひきこもるのか？

●女は摂食障害、男はひきこもり

現代は「格差社会」だという。

時運と才能に恵まれたひと握りの成功者たちが富を支配し、勝者になり得なかったその他大勢の者たちは「負け組」の烙印《らくいん》を押され、なかなか浮かばれない暮らしに甘んじるしかない。

しかも、この格差社会は、競争に敗れてやる気を失ってしまったかのような打ちひしがれた若者たちを数多く生み出すようになった。いわゆる「ニート」と呼ばれるような若者たちである。そして、ここ数年、私のクリニックにもこうした若者たちがたいへん数多く訪れるようになった。

若者たちは口々に心身の変調を訴える。激しい競争社会を生き抜く中で過重なストレスに耐えられなくなり、心と体のバランスを崩してしまったのである。そして、彼らはそのストレスから逃れるために、通常、さまざまな「ストレス回避行動」をとっている。ちなみに、その回避行動は、男と女とでかなり傾向が異なる。

女の場合は、ストレスによって食行動に問題が起こる場合が少なくない。過激なダイエットや過食などの行動を繰り返し、中には摂食障害に陥ってしまうこともある。男の場合は、ストレスから逃れようと外の世界に出なくなる場合が多い。中には完全に外界との関係を遮断して自分の世界にひきこもってしまうこともある。つまり、女は競争に敗れて「摂食障害」となり、男は競争に敗れて「ひきこもり」になる――そういう傾向が強いのである。

実際心理学者J・A・グレイによるラットの実験でも、ストレスに対する感受性はオスのほうがメスよりも高く、より強い恐怖を表す。たとえば、オープンフィールドと呼ばれる天井のない箱にラットを入れて、ラットの移動量を測ると、メスラットは箱の中央まで時々探検に出かけるが、オスラットは箱の隅にうずくまって動かなくなる。

また横浜市立大学の田中やアメリカの心理学者V・N・ルーインらの実験で、オスラットは、短期間の強いストレスには対応できるが、長期間ストレスにさらされると、周囲に対する関心を失い、視覚・空間知覚記憶さえも低下してしまうことがわかった。これに対してメスラットは、ストレスにさらされても、周囲への関心低下が起こらないどころか、視覚・空間知覚記憶の成績が上昇することもある。

特に闘ったうえ敗北してしまった場合、これはまた「敗北ストレス」と呼ぶストレスを生む、J・ハラーによるハムスターの実験では、オスのハムスターではこの後なわばり防衛のための攻撃がまったくできなくなってしまう。

これらの実験からも、男はストレスにさらされるとひきこもり、女は「摂食障害」となって、食べずにどんどん活動的になっていくことは、容易に推測される。

摂食障害にしても、ひきこもりにしても、近年、社会問題化するほどに若者に増えているトラブルだといえる。若者たちは、いったいなぜこうしたストレス回避行動に出るのだろうか。この項ではその理由を考えてみよう。

●競争とは無縁の「安全な居場所」を求めて

そもそも、ストレス回避行動とは、競争に負けたときや競争に勝つ自信がないとき、また競争に組み込まれるのが嫌なときなどに、そのストレスの影響の及ばない「安全な居場所」を求めようとする行動である。

女にとって、その安全な居場所は「美しさ」であり「若さ」である。先にも述べたように、女には「若く美しくさえなればみんな振り向いてくれる」「若く美しくさえなれば競争に勝ち残って幸せになれる」という思いが強い。しかし、その美しさを競うレースに疲れてくると、「もっと若く細くなりさえすれば……」という強迫的な思いに取りつかれてしまう。そしていつしか、子供のようにガリガリになるまでやせようとするのだ。子供のようにやせ細れば、自分が嫌々ながら競争をしなくてもみんな守ってくれるし助けてもくれる。その「いちばん安全な状態」を求めて拒食に走ってしまうのである。

これに対し、男にとっての安全な居場所は「自分の家」であり「自分の部屋」である。狩りに出る男にとっては、家から1歩でも外に出ればそこは戦場である。その戦場では、どこへ行っても仕事や勉強といった競争がつきまとう。その過酷な生存競争から逃れるには、戦場にいっさい足を踏み出さないのがいちばんだ。外出さえしなければ、戦いで傷つけられることも避けられるし、戦いに負けてプライドが粉々になった自分のみじめな姿を人目にさらすことも避けられる。そうした思いに取りつかれた結果、自分の部屋という「いちばん安全な場所」にひきこもってしまうのである。

つまり、ストレスの影響の及ばない安全な場所は、大人の競争社会と関わらないでいられる場所なのだ。それは女にとっては子供のようにやせて小さくなることであり、男にとっては外部との接触を絶ってひきこもることなのだろう。

●女は産めない、男はばら蒔けない

しかし、そこで問題になってくるのが、このように競争社会を拒絶する回避行動が、男女の持って生まれた「性」の放棄につながってくる点だ。これまで何度も述べているように、女は「産み・育てる性」であり、男は「ばら蒔く性」である。このもともと持って生まれた性が使えない事態になってしまうのである。

わかりやすく説明しよう。

まず女の場合だが、摂食障害になると女性ホルモンのエストロゲンが下がり、しかも栄養状態が悪くなるので、肌のはりや、髪の毛のつやは失われる。脂肪がなくなり乳房も萎《いし》縮《ゆく》して、ヒップもペシャンとなってしまう。生理や排卵がストップし、その間は子供を産むことが不可能になる。さらに、エストロゲンのレベルが下がると、脳機能まで低下し、集中力や記憶力、意欲も低下してしまう。すなわち、女としての生殖機能はもとより、女らしい美しさや人としての能力までも放棄してしまうのだ。

拒食に陥った人は、決まって「小さな子供」のようにやせようとする。小さい子供には、もちろんまだ生殖のための機能は備わっていない。だから、彼女たちは自らの生殖機能を放棄してでも、「安全な（小さな子供の）状態」になることを望む。つまり、女性として与えられた「性」を手放すことによって、「大人の女になること＝競争すること」を拒否しようとするのだ。

しかし、女の子が拒食症に陥る理由はこれだけでは不十分である。なぜなら拒食症になる女の子は独立心が強く、学校の成績が優秀で、しかも容姿の優れた子が多いからである。それだけでも十分競争に勝てる資質を備えた子ばかりで、「競争に敗れたから」とか「助けてもらいたい」とかといった理由は成り立たない。

前思春期までの女の子は、その身体は男の子と同じだと思っている。あらゆる可能性を秘め、男の子のように冒険の世界に旅立てると思っている。しかし、その肥大化した自我は「月経」という肉体の流血に遭遇した時、もろくも崩れ去る。自分の身体が自分の意思に反して、「妊娠・出産」というひとつの目的に向かって集約されていくことを知る。それは、イコール、自分の可能性が限りなく脅かされていくことに他ならない。それが許せない女の子は自分の身体を忌み嫌い「拒食」という身体の破壊行為に出る。どうせ男になれないのなら、せめて中性でいたい。中性であれば、目指した可能性が広がると錯覚するのである。だから、やせて生理を止める。

黒川伊保子氏の『恋愛脳　男心と女心は、なぜこうもすれ違うのか』によれば、これは「自我のリストラ」に失敗した女の子の破壊行動だという。自分が世界の中心にいて、興味の対象が自分に集中する女性脳は、早くから「自分の気持ち」を見つめ、同時に自分が周囲からどう認められているかを気にする。つまり「自我が肥大化」するのである。女性脳がおとなになるということはこの肥大した、自我が等身大に見えるまでの道のりだという。肥大化した自我では、当然社会の中で叩《たた》かれる。だから「自我をリストラ」するのである。

では、男の場合はどうだろう。

ひきこもりは、社会と関わることを拒絶する行動だが、これはすなわち「外に出て自分の遺伝子をばら蒔く」という行為を放棄していると言っていい。外部との接触を絶ってしまっては、到底女とセックスをして自分の遺伝子を遺《のこ》すことなどできないだろう。だが、彼らはたとえ男性として与えられた「性」をまっとうできなくても、ひきこもっていることを選ぶのだ。

ちなみに男性ホルモンのテストステロンには、より頭角を現して出世を果たそうという欲求があらかじめ組み込まれている。だから、狩りや仕事などの戦いの場で競争を繰り広げるのは、生まれながらにしてインプットされている男の性だと言える。しかし、ひきこもる男たちは、自分が十分な役割を果たせないと思い込み、かたくなに戦場に出ることを拒む。本来、男が果たすべき「社会に出て競争する」という役割を拒否してしまっているのだ。

●「拒否権」を発動した若者たち

このように、競争に敗れると女は「産み・育てる」という性を、男は「ばら蒔く」という性を放棄する方向にシフトするようになる。持って生まれた「性」を使わずに、過酷な生存競争から降りようとするのである。つまりこれは、遺伝子を遺す競争から降りるということであり、子供をつくらないことを意味する。

つまり人間という生物として、自分の遺伝子を遺すというひとつの課題を実行しないことになる。このことは、人間の生物学的な活性レベルを著しく下げてしまうことにつながる。オスがオスとして、メスがメスとして生きる意味が薄れ、生きるためのバイタリティ、つまり「リビドー」が低下してしまうのである。

そこで男と女が社会における自信を取り戻し、自らの性をすすんで行使できるようになる方策を考えなければならない。

拒食症が治る時、女の子は知る。実は女性性を否定するより、女性性を利用した方がずっと生きやすいし、得することが多いことを。そして、女性性を受け入れても、決して冒険の旅は終わらないことを。むしろ、自分が想像もしていなかった、そして男が決して知ることのできない、新しい世界を冒険できることを。だから、一度「自我をリストラ」してもその後、やはり「自我の確立」は起こるのである。

引きこもりから出てきた時、男も知る。世の中には様々な価値観があって、自分にぴったりの価値観に出会った時、自分がどれほど世の中で有用な人間であるかを。

次章ではこういった問題をふまえつつ、男と女がどうすれば人生を擦れ違わずに生きていけるかを考察していくことにしよう。

第4章

男の人生と女の人生はなぜこうも擦れ違うのか？

――現代社会で男女がお互いに幸せを築いていける道は？

⑯ 男と女とでは そもそも求めている結婚観が違うのか？

●男と女の人生が交わらない

「結婚できない男」と「結婚しない女」が増えている。

あなたの周りを見渡してほしい。30代、40代、それなりの年齢で結婚していない男女は結構多い。会社の同僚、学生時代の友人、近い親戚《しんせき》……どの人間関係をとってみても、そういう男女が必ずといっていいほどいる。これでは出生率低下が社会問題にもなるはずだ。

私のクリニックを訪れる患者さんにも、そういう結婚していない男女が少なからずいる。だが、そういう方々の話を聞いていると、別に結婚したくないわけではない。男も女も結婚したいという気持ちはあるのだが、〝いつかそのうち〟と思っているうちに時を逸してしまっているのである。

典型的なタイプを挙げてみよう。

まず、女の場合。結婚していない人には、やはり仕事を持っている人が多い。仕事に生きがいを求め、それ相応のキャリアを身につけたものの、気がついたらもう結構な年齢だったというパターンだ。もちろん彼女たちは、いい人がいれば結婚したいと思っている。だが、その理想は高い。年収、ルックス、学歴、そして、共有できる趣味や価値観……ほとんど「ないものねだり」と感じられるくらいの条件を掲げ、その条件を満たす男が周りにいないと嘆いている。

彼女たちは口々に言う。

「私だってもちろん結婚したいです。でも、本当に結婚してもいいと思うような人が全然現れてくれないんですもの」と。

これに対して男の場合はどうか。

男にはやはり無口でおとなしい人が多い。与えられた仕事はまじめにやるし、性格だってやさしい。「結婚なんて、いつかは何とかなるだろう」くらいの気持ちでいたが、これがいつまでたっても何ともならない。別に相手を探す努力をするわけでもなく、これという出会いもないまま、気がついたら結構いい年齢になっていたというパターンだ。そして、こういう人の中には「オタク」と呼ばれる人も少なくない。自分だけの世界に没頭することが何よりの楽しみで、その世界にひたっていることさえできるなら、別にことさら結婚などしなくてもいいとさえ考えている。すなわち、よく「アキバ系」と呼ばれるような方々である。

彼らは口々に言う。

「このままいったら僕は結婚できないかもしれないけど、それならそれでもいいんです。それに、無理に結婚するよりも、いまのまま自分の世界に生きているほうが、よっぽど自分らしいと思います」と。

このように、結婚していない女にも男にも、それなりの言い分はある。

しかし、こんなことを言っていては、男も女もそう簡単には結婚できまい。少なくとも、この例に挙げた両者が出会って結婚するとはまず考えられない。この両者では、目指しているビジョンがあまりに違いすぎる。おそらく、まったくあさっての方角を向いたまま、お互いの人生が交わることは決してないだろう。

それにしても、男と女、求める人生になぜこんなにも開きが出るようになってしまったのだろうか。

●理想の異性像に振り回される男と女

ひとつには、やはり女の社会進出の影響であろう。

大昔と違って、女は男に頼らなくても自分で稼げるようになった。自分ひとり生きていくくらいなら、十分自力で生活をまかなうことができる。しかも、仕事以外の時間はすべて自分のために使える。他人のために時間や労力を使う必要はないし、それに伴うストレスもない。「自由」であることの快適さを十二分に知っている。計算高い女は、当然ながら、結婚するメリットといまの生活を続けるメリットを、天秤《てんびん》にかけて比べようとする。

そして、相当な魅力ある男が現れない限り、いまの生活を手放したくないと考えることだろう。そこで、結婚をすることに対して、より慎重な姿勢をとるようになり、男たちにより高いハードルを課すようになってしまった。

先の項目で、「女は男に連れ出してほしい存在である」と述べた。その基本はいまも変わらないと思う。だが、自分のポジションをしっかりと築き上げている昨今の働く女たちに、それを捨て去ってまで、あるいはそのポジションを伴ったまま別の世界に行く決心をさせるには、男たちも相当なエネルギーを要するに違いない。つまり、最近は連れ出すのもなかなかたいへんなのである。

そして中には、その高いハードルを見ただけで意欲を挫《くじ》かれてしまう男も少なくないのだ。女たちは口々に自分の理想に合う男がいないと言うが、男たちは女のそういう姿勢に自信を失う。女が勝手につくり上げた理想の男性像と比べられ、やれ年収が少ないの、やれ価値観が違うのとやられては、プライドの高い男としてはたまったものではない。自分はしょせん眼中にないものと思い込み、プライドを傷つけられるのを怖れ、そういう女に対してはアタックをしないのはもちろん、興味さえ抱かなくなるだろう。

また、オタクと呼ばれる人の中には、生身の女とコミュニケーションをとるのをあきらめ、アニメーションやフィギュアなどのバーチャルな世界の中に理想の女性像を求める人さえいる。現実に目を背け、自分ひとりだけの世界にひきこもってしまうわけである。お客様を「ご主人様」扱いし、男性から何もしなくても世話をしてくれるメイドカフェが流《は》行《や》るのも、こういった理由によるものである。メイドカフェで男は優越感を味わえる。

すなわち、女はありもしない理想の男性像をいつまでも追い求め、それに傷ついた男はありもしない理想の女性像を自分の中につくり上げるのだ。

こうやって見てみると、男も女も、異性に対する理想像を頭の中に祭り上げ、結果として、その実際には存在しない「虚像」に踊らされているような気がしないでもない。きっと、そうやって虚像に踊らされているうちにいつの間にか年をとり、いつの間にか袋小路へ入っていってしまうのではないだろうか。

●幸せのビジョンを摺り合わせよう

ところで、このような袋小路に入ってしまった男女からアドバイスを求められたとき、私は決まって「何もしなければ、何も生まれない。結婚してみなければ何も始まらないし、何もわからないのよ」と言うことにしている。

結局、こういうなかなか結婚できない男女は、多かれ少なかれ他人と接触するのを怖がっている。女は「理想からはずれてるから、こういう男はダメ」と自分の価値観で切り捨てることで多くの男との接触を拒んでいる。男は「どうせ、彼女と話したってプライドを傷つけられるだけだ」と憶測することで多くの女との接触を拒んでいる。つまり、両者ともハリネズミのように身を針で覆い、「これ以上は踏み込まれたくない」という境界線を自分で引いてしまっているのだ。

しかし、そうやって誰かを待っていても、「自分を本当にわかってくれる相手」なんて現れやしない。そもそもそんな人は存在しないのだ。自分からトゲトゲの鎧《よろい》を脱ぎ捨てなければ、何も生まれないし何も変わらない。境界線を自分から踏み越えて、他人と積極的に関わろうとしなければ何も生まれないのだ。

それに、そもそも幸せとは自分ひとりで築き上げるものではなく、他人との関わり合いの中で育《はぐく》まれるものだ。そしてその関係は、自分が傷つくのを覚悟で相手の懐に入っていかなければ築けない。傷つけられるのを怖れていては、幸せなんて永遠につかむことができないのである。この世は失わずして得ることなどあり得ないのである。

だから、なかなか結婚にたどり着かない男と女は、いったん武装解除をしてお互いの幸せのビジョンをしっかりと摺《す》り合わせる必要があるのだと思う。まあ、どんなに綿密にビジョンを摺り合わせたとて、結婚してみればうまくいかないことはたくさん出てくるし、何かと相手の嫌な点も見えてくるものだ。同じように自分の欠点を目の前にさらされることだって起こりうる。だが、それを怖れてコミュニケーションを拒んでいては、男と女の間には何も生まれない。結婚してみなければ何も始まらないし、何も生まれないのだ。結婚してみて本当にダメなら別れれば済むことだ。いまの日本は2分2秒に1組は離婚している(「平成18年　人口動態統計の年間推計」厚生労働省)。

ちなみに、離婚するカップルのうち、結婚して5年未満に離婚する割合は34・8%で、5年以上経過するとこの比率はどんどん小さくなる(「平成18年　人口動態統計月報年計

〈概数〉の概況」厚生労働省」）。結婚して5年一緒にいられれば、後は何とかなるということだろう。

17 「田舎暮らしをしたいんだ」と言う夫に妻が冷たい視線を送るのはなぜか？

●夢の相談が離婚の相談に!?

「実はオレ、会社をやめてやりたいことがあるんだ。田舎暮らしをしてみたいんだよ。いままで黙ってたけど、収入の当てだってあるし、もう土地の下見もしてある。で、退職金を元にしてそこにログハウスを建てて暮らしたいと思うんだけどどうかな……おまえの意見を聞かせてくれよ」

そんな相談を急に妻に持ちかける男が増えているという。

団塊の世代の大量定年の影響もあろう。都会での会社勤めに見切りをつけ、田舎に居を移してかねがね抱いていた夢を実現させたいというわけだ。もしかしたら、あなたもそんな構想をお持ちかもしれない。

しかし、そんな「夢のプラン」を熱く語るあなたに対し、あなたの妻はいったいどんな反応を示すだろうか。

あなたのプランを全面的に理解してくれる女はおそらく少数派だ。きっと、冷たい視線を送りながら、「何で私まであなたの夢につき合わなきゃならないのよ。田舎で暮らすなんて私は絶対に反対よ」というほうが多いのではなかろうか。中には「もし、どうしてもあなたがそうしたいって言うなら離婚よ！」などという返事をつきつけられる場合もあるかもしれない。

こういう人生の節目を感じたときの女はしたたかだから気をつけたほうがいい。夢の相談のつもりが離婚の相談になってしまったなんて、まったく笑うに笑えない話である。

●夫はあこがれの晴耕雨読、一方の妻はうつ病に……

それにしても、こういう男の夢物語に対し、得てして女は理解を示さない。たとえ理解はしてくれたにしても、女はいまの安定した生活を手放すのが惜しいし不安なものだ。それを説得するために、おそらく男はかなりの時間と労力を費やさねばならないのではなかろうか。

それに、何とか妻を説得して田舎暮らしの実現に漕《こ》ぎつけたにしても、その後の生活に支障が出る場合も少なくない。

私のクリニックを訪れる患者さんにもそういう例がある。

夫の夢につき合ってしぶしぶ田舎に引っ越したものの、妻がうつ病になってしまったというケースだ。その女性は、月に一度田舎からやってきてはたまった不満を吐き出している。

その女性は言う。

「だって田舎にいたって何もすることがないんですもの。話をする知り合いもいなければ、行きたいお店もない。夫は『おまえも好きなことを見つければいいじゃないか』って言うんですが、それって男の理屈ですよね。夫は嬉々《きき》として畑仕事をやってますけど、私にはどこにも身の置き所がない。それで、月に一度、東京に出てきて、お友達に会って、ショッピングをして帰るんです」

この意見は、男と女の求めているものの違いを端的に表していると思う。

男は自分だけの居心地のいい世界を築いてしまえば、その世界で完結することができるものだ。誰とも話さずに晴耕雨読の生活をしていても決して飽くことはない。むしろ、あまり他人に干渉されずに、自分の世界を深くつきつめることのできる生活を望んでいたりするのだ。

だが、女はそうはいかない。

女には誰とも話すことのない世界なんて考えられない。近所の人や友人、お店の人などとコミュニケーションをとる機会を取り上げられたら、女は退屈と欲求不満のあまり、たちまちストレスをため込んでしまう。その土地の人に溶け込んで話せる場を見つけられない限り、この例の女性と同じように、うつ病に陥ってしまうのではなかろうか。

つまり、夢の田舎暮らしとはいえ、そうした世界観の違いを視野に入れて考えないと、そう簡単にはいかないものなのである。

●女と男では反応する「色」が違う

女が田舎暮らしを嫌う理由はもうひとつある。それは、男と女の視覚の違いである。人間は世界や物を「目」で見ているのではない。正確には「目」という感覚受容器官を通して脳で見ているのである。

黒川伊保子氏によれば、男性脳は3次元脳であり立体に強く、女性脳は2次元脳であり平面に強いそうだ。IQテストでも男女で差があるのは空間認知である。頭の中で物体を思い浮かべ、それを回転させてその形を想像するのは、男性の得意技のようだ。これは男性が空間認知の問題を解く場合、言葉に依存しない空間的な物事を全体にとらえる仕事をしている右脳の頭頂葉を主に使っているからという理由によるものだ。だから、男は広大な土地に建物を配置して都市が築けるのである。

一方、女は、家の中をきれいに飾りたてるのが好きだが、女流彫刻家は女流画家ほど多くはない。

田舎にあるのは「自然」だ。自然は大きな立体である。一歩動いてもその景色はあまりかわらない。都会にあるものは平面的だ。都会という箱にチマチマといろいろなものが詰め込まれている。だから、田舎に長くいると女は飽きてしまうのだ。

もうひとつの視覚の違いは目の網膜にある。網膜に光と神経シグナルの変換組織だ。細胞はいくつかの層に分けられ、ある層には光の受容細胞である、桿状体《かんじょうたい》と錐状体《すいじょうたい》が含まれる。桿状体は光の強さをキャッチするが、色には反応しない。錐状体は色に反応する。桿状体と錐状体は神経シグナルを次の層である神経節細胞に送る。神経節細胞には、M細胞とP細胞があり、それぞれ違った仕事をしている。M細胞は網膜全体に分布し、桿状体とつながっていて、動きと方向を察知する。

P細胞は視野の中心付近に集中していて、錐状体とつながり、質と色の情報を集める。

P細胞とM細胞のちがい

	P細胞	M細胞
おもにつながっているのは	錐状体	桿状体
おもに分布する場所は	網膜の中心 （視野の中心）	網膜全体 （視野全体、周辺と中央）
最も感知するのは	色と質感	位置、方向、速度
答える質問は	「あれは何か?」	「どこにあるか?」 「どこへ行くのか?」 「どんな速さで動いているか?」
最後に伝えられるのは	下側頭皮質	後頭頂皮質
おもに存在するのは	女性 （P細胞がM細胞より多い）	男性 （M細胞がP細胞より多い）

（引用：「男の子の脳、女の子の脳」レナード・サックス 著／谷川漣 訳／草思社）

P細胞の集めた情報は、それ専用の経路を通って大脳皮質の質感と色の分析を司《つかさど》る部位へ送られる。M細胞の情報は別の経路で大脳皮質の空間関係と物の動きを司る部位へ送られる。そして驚くべきことに、解剖学者のエドクィン・レパードのグループの研究によれば男性の網膜にはM細胞が多く、女性の網膜にはP細胞が多く分布しているというのである。

これが本当だとすれば、一般的に女が色とりどりの物が好きである理由がよくわかる。いくつもの色のマニキュアの瓶を並べ、口紅の色の微妙な違いがわかる。男の中で、このピンクの口紅とその隣にあるピンクの口紅の色の違いがわかる人は少ない。多分、ピーチピンクとサーモンピンクの違いもわからないだろう。男が反応しやすいのは、黒・灰色・銀・青といった色だ。これはM細胞がそうできているからである。だからロックンローラーのコスチュームは黒の革ジャンに銀のびょうを打ち、銀のネックレスに銀のブレスレットなのかと私などはつい考えてしまう。

男の子の好きなおもちゃは次々と形をかえるトランスフォーマーであり、女の子が好むおもちゃは動かないバービー人形だ。ということは男の目をひきつけるための条件は、

①風になびく長めの髪、もしくはスカーフ
②マスカラをたっぷりつけて長くのばした睫毛《まつげ》でまばたき
③揺れるタイプのイヤリング。しかも光るもの
④歩くたびに裾《すそ》が揺れるスカート
⑤勝負のときは黒地に銀のビーズで刺繡《ししゅう》した下着

といったところだろうか(下着メーカーさん、試作品つくっていただけませんか?)。

話がずいぶんと逸《そ》れてしまったが、女が田舎住まいを嫌う理由のひとつはここにある。田舎の色彩は数が少ない。緑・灰色・茶色・青。男のM細胞には反応する。女のP細胞には反応しない。都会は色が彩《あざ》やかだ。赤・オレンジ・緑・黄色……。女のP細胞は敏感に

反応して喜ぶ。女が好きな場所は、化粧品売り場やアクセサリーショップにビーズショップ、ファンシーショップだ。男には耐えられない場所ばかりである。

では田舎で暮している女たちはどうしているのであろう。冬の間、雪に閉ざされた家の中で、彼女たちは色とりどりの紙や布で民芸品や手芸品を作ってきた。そのことによって、自分自身を癒しているのではないだろうか。もちろん、おみやげ品として経済を活性化するのにも役立った。

北海道に住む私の友人は、東京に来たときにたくさんの布を買い込んで、長い冬の間にたくさんの創作人形を次々と作って送ってくれる。

だから、もし、田舎で暮らすことになったとしても、週に1回あるいは月に1回は女が都会に出て行くのを快く許してあげよう。その日を楽しみにして女は残りの日々を過ごせる。

●男は「閉じた脳」、女は「開いた脳」

私は、第3章で男の脳は「閉じた脳」、そして、女の脳は「開いた脳」だと言った。

まず、閉じた脳。これは自分だけの閉じた世界をつきつめたい男の脳である。

この閉じた脳は概して、外から干渉されるのが好きではない。他人とコミュニケーションをとることを基本的に面倒に感じていて、いつも他人の輪の中にいるよりも、どちらかといえばひとりでいることのほうを望む。また、この閉じた脳は、自分だけの小宇宙を持っている。そこは自分にしかわかり得ない自分だけの居心地のいい世界であり、自分らしさの原点だ。そして、その世界を深く追求していくことがたいへん大きな快感に結びつく。また一方で、他の人間にその世界を否定されたり侵害されたりするのを怖れてもいる。そのため、外からストレスなどの強い圧力がかかると、得てして自分だけの居心地のいい世界に逃げようとする。極端な場合、外界を意識的に遮断して、自分の世界にひきこもってしまうことさえある。

つまり、オタクな趣味にハマったり、中年になっても機械いじりや模型づくりなどに熱中したりするのも、この「閉じた脳」のなせるワザ。また、男が自分だけの隠れ家を欲しがったり、田舎での晴耕雨読の暮らしにあこがれたりするのもこのせいだ。解剖学者の養老孟司《ようろうたけし》さんは、同時に「昆虫博士」でもあるが、昆虫の話をしているときの表情は少年そのものだ。講演に行ってめずらしい昆虫の標本をもらったといって、嬉々として帰ってくる。

さらに、ひきこもりは圧倒的に男に多いし、子供の自閉症はほとんど男の子がかかる。これにも、こうした「閉じた世界」をもともと持っていることが関係しているのではないかと思っている。

次に、開いた脳。これはみんなからいつも愛されていたい女の脳である。

この開いた脳は概して、いつも他人の輪の中にいてコミュニケーションをとっていたい。自分が見たもの聞いたものを他人に伝え、他人が見たもの聞いたものを伝え聞き、小気味よく情報を出し入れしていることが何よりの快感なのだ。言わば、「他」に向かって開かれた脳なのである。また、この開いた脳は、他人の目に自分がどう映っているかをたいへんに気にする。自分にもっと注目してほしい、自分をもっと愛してほしいという願望が強く、そのため周囲の評価に非常に敏感に反応するのだ。そして、いつもコミュニケーションの輪の中にいないと、いつかみんなから仲間はずれにされたり愛されなくなったりするのではないかとしきりに警戒する。そのため、コミュニケーションが途絶えることが不安なのだ。だから、この開いた脳は、人間関係がうまくいかなくなったり、他人から思うような愛を受けることができないと感じたりすると、コミュニケーションの回復を求めてわざと他人に心配をかけ、他人の目をひきつけるような行動をとることがある。

つまり、開いた脳はおしゃべりのない世界では生きていけない。女にはコミュニケーションをとることのできる世界があることが必要不可欠であり、だから自分の属するコミュニティをなかなか離れることができない。さらに、こうした「他」に向かって開いた傾向は心の病気にも顕著に表れる。女が拒食に走ったり、リストカットをしたりして他人の目をひきつける行動に出るのも、「他人の目に縛られた脳」を持っていることが関係しているのではないかと考えられている。

●異文化交流を成功させよう

さて、話を元に戻そう。

閉じた脳の男と開いた脳の女とでは、抱いている世界観が違う。

それを考えずに男が男ならではの理想の世界を追求してしまえば、パートナーの女には不満が噴出するだろう。また逆に女が女ならではの理想の世界を謳歌《おうか》してしまえば、パートナーの男はばかばかしくてつき合っていられなくなるだろう。

要するに、どちらか一方だけに傾くのはあつれきを生むもと。男と女がお互いの世界観を尊重し、うまく摺り合わせていかなければダメなのだ。

何度も言うが、男と女とは違う脳を持ち、違う世界を持っている。しかし、だからこそ男と女はおもしろいし、だからこそお互いにひかれ合うものだ。それはもう、ふたつの異なる世界を結びつける異文化交流のようなものだといっていい。

某住宅メーカーの提案する「3メートルの思いやり」はこの男女の文化の違いをよく認識してつくられたキャッチフレーズだと思う。同じ屋根の下に住みながら、リビングの中には夫のテリトリーと妻のテリトリーが3メートルの距離をおいて同居する。お互いに相手の行動に対してはアンタッチャブル。それぞれ別々に楽しんでいる。食事をするとき、外出するときはふたりで仲良く（？）一緒に行動する。

お互い、自分のことは自分でして、相手の流儀を「侵略」しない。そのうえで共通部分の交流を図る。困ったときはお互い様、問題が起きればふたりで解決方法を考える。違った文化の持ち主だから、意外とお互いに考えつかない対応策が出てきて解決がスムーズにいくかもしれない。知らない文化を知るおもしろさがあると考えれば、立派な「異文化交流」だ。

田舎暮らしを始めた私の患者さんは、5年後に結局東京にセカンドハウスを持つことになった。妻は何かと東京に用事をつくってセカンドハウスに泊まる。夫は田舎にひとりでいても何も困らない。これも「通い婚」のひとつだ。定年以後の結婚生活は、妻が夫の元に通う「通い婚」という新しい生活形態があってもいいかもしれない。ひきこもりたい男と、飛び出したい女の両方の希望が満足できる方法のひとつだ。

⑱「いざとなると女って強いよな」と苦笑いをする男が多いのはなぜか？

●いざというときになると男は役に立たない？

ここぞという土壇場の状況になると、女という生き物は、男も驚くような意外な強さを発揮するものである。

たとえばどんな状況かって？

そう、たとえば、親戚のお葬式などで常に周囲に気を遣ってかいがいしく働いているのはたいてい女である。男といえば、こういうときはボーッと突っ立っているばかりであまり役に立たない。

それに、デパートの特売セールで競争心むき出しに目玉商品を争ったり、電車内の空席目がけて我勝ちに突進したりするのも女である。男はそういうとき、ただ女のその勢いに圧倒されているだけである。

また、その他、ピンチに陥った状況を目に浮かべてみよう。

会社が突然倒産したとき、重大な病気が見つかったとき、浮気がバレたとき、大切な仕事で失態を演じてしまったとき――そんな予定外のでき事があったとき、男はあわてておろおろとしてしまいがちだ。しかし、女は一瞬たじろぐが、その後すぐに落ち着きを取り戻して何とかなると考える。

そして、そういう思いがけない女の強さを目の当たりにしたとき、男たちはこそこそっと陰に集まって苦笑いを浮かべながらこうささやき合うのである。

「いざというときになると、女って強いよな」――と。

ラットのストレス実験で、オスの方がストレスに弱いことは既に説明した。

●「男は女よりも体力がある」はウソ!?

では、実のところ、女はそれほど強いものなのだろうか。

たとえば、よく「男は女よりも体力がある」といわれる。この点は科学的に見るとどうなのだろうか。

たしかに、「筋力」と「瞬発力」は男が優《まさ》る。それは狩りに出る男のほうがより多くの熱量を生み出さねばならない必要上、もともと筋肉量が多くできているためだ。だが、持久力はどうだろう。これは必ずしも男が優るとは言えない。このところマラソンなどの競技で女子選手の活躍が目立つのを見てもおわかりのように、女にも優れた持久力を持つ人は多い。皮下脂肪を多く蓄えている女は、そこから持続的にエネルギーを引き出すことができる。雪山で遭難すると女のほうが生き残る確率が高いといわれるのもこれと同じ理由だ。そのせいか、仕事やスポーツなどで「粘り強さ」を求められるようなケースでは、より女のほうが力を発揮するような気がする。

アテネ五輪のマラソンコースは、気温が高いうえに、後半上りの難コースだった。金メダルをとった野口みずき選手でさえ、ゴールした後、控え室に戻って嘔吐《おうと》したという。これを知った男子選手たちは、一斉に震え上がったそうだ。女子マラソンランナーが嘔吐することは滅多《めった》にない。あの野口が吐いたコースはどんなコースだ。男子にとっては超難関コースと映ったらしい。

さらに女は活性酸素にも強い。活性酸素に老化や病気につながる害があることはよく知られているが、女性ホルモンのエストロゲンには抗酸化作用があり、その影響を比較的少なくとどめられるのだ。

こうやって逐一見比べてみると、短いスパンでは男のほうが体力があるが、人生を長いスパンで捉《とら》えれば、体力的に優れているのは病気に強くて長生きな女のほうかもしれない。女は子供を産み、育てていくために、ロングレンジで強さを発揮できるようにつくられている。だから、ハプニングに遭遇したり、生きていくうえでの岐路に立たされたりしたとき、男は女の「本来的に備わった強さ」に目を見張る。きっとそれは、長い人生の中のさまざまなひとコマにおいて、ひょいっと思い出したようにのぞかせる——そんな強さなのかもしれない。

●男の捨てられるものと女の捨てられるもの

ところで、男と女、環境の変化に適応しやすいのはどっちだろう。つまり、どっちがより生き残っていく強さを備えているのだろうか。

この点でも、私は女のほうが有利なのではないかと思っている。

なぜなら、女は寒さや飢餓といった自然環境の変化に対しても厚い皮下脂肪がエネルギー源となって生命を維持しようとするからである。それにどの実験をみても、メスの方がストレスに対する感受性が低い。

それに、女は生きるためには何でもする。

たとえば、戦争で村が異国の強敵に襲われたとしよう。男どもは殺され、金品は奪われ、女たちは乱暴される。中には遠い異国まで連れ去られる女もいたかもしれない。きっと、そうした悲劇は過去の人間の歴史において何千回、何万回と繰り返されてきたことだろう。

しかし、それでも女は悲しみを抱えながらも生きていこうとする。異国の地に連れ去られたとしても、その男に従い、子をもうけ、その土地に馴染《なじ》んで暮らしていこうと努力する。どんな環境でも女は生き長らえて、子供を育てていこうとするのだ。

おそらく、男はこうはいかないだろう。

なぜなら、プライドを捨てられないからだ。男は地位や財産、名誉など、その男がプライドをかけて守ってきたものを壊されると、割合にもろさや弱さを露呈するものだ。先の、村を敵に襲われる例にしても、男は命をかけて妻子を守ろうとするだろうが、もしそれが奪われたなら打ちひしがれてしまうに違いない。そういえば、会社が倒産したりウソがバレて世間から叩《たた》かれたりしたことで自殺をしてしまうのはたいていが男だ。プライドを失ったことで、生きる希望すらも失ってしまうのである。

前述の動物実験でもわかるように、実際オスの方がメスよりもストレスに対する感受性は高い。特に「敗北ストレス」に対しては、ますます怒りや恐れを生み出し、時としてそれが自らの身体をむしばんでいく。ウィスコンシン大学霊長類研究所の病理学者、宇野秀夫氏によれば、劣位のサルたちは死亡しやすく、死んだサルを解剖して死因を調べると、一様にひどい胃潰瘍《いかいよう》を持っていたそうだ。

だが、女の場合は会社が倒産しても死にはしないし、多少世間から叩かれたって生きる希望までは失いはしない。女にとっては何よりも生き延びることが最重要課題。どんな目に遭おうが生きなくては子供を守れないし、遺伝子を残すことができない。だから、何よりも生き抜くことを優先し、その目的の前には自身のプライドを捨てることに固執しない。女のいちばんの「強み」は、何といってもこのプライドを捨てられるという点にあるのではないだろうか。

つまり——。

男はプライドを守るために、ときに命さえ捨てる。女は子供と生き長らえるためにはプライドを犠牲にできる。

男と女とでは、人生で「守るもの」と「捨てられるもの」が基本的に違っているのである。

●定年後の頭の準備はできている？

このように、とかく男とは、そのプライドをなかなか捨てられないものだ。それまで自分が築いてきた地位や立場に縛られ、それにしがみついてしまう。だから、会社一筋で仕事にいそしんできた男たちは、定年で会社を離れた後も自分の会社でのポジションにこだわる。どうしても過去の栄光が忘れられないわけだ。

しかし、あまりプライドにこだわりすぎるのもどうだろう。

時代は刻々と変わり、環境も移り変わっていく。過去のプライドを引きずっていると、時代に取り残されてしまいはしないだろうか。誰しもプライドでは食べていけない。それに気づき、いよいよ環境の変化についていけなくなってきたとき、「じゃあ、オレはこれからどうやって生きていけばいいんだ」ということになりはしないだろうか。

とりわけ定年は、男の人生の中でももっとも大きい環境の変化である。それまで何十年と毎日行っていた会社に、ある日から行かなくてよくなるわけだから、体にとっても脳にとってもこれは大事件だ。その大変化にあなたはついていけるだろうか。

そう。これからは、男もこうした環境の変化に合わせて自分を変えていかねばならない時代なのだ。女は環境に合わせて自分を変えることが比較的得意だ。流行に合わせて服を着替えるように、時代の波に合わせて自分の生き方を変えることができる。これからの時代、男もそれくらい頭をやわらかくしておいたほうがいい。

でないと、いわゆる「濡《ぬ》れ落ち葉」ではないが、女たちから疎んじられたりうるさがられたりする可能性もある。もしそれが不満をずっとため込んできた女なら、定年を機に離婚を突きつけるような場合だってないとはいえない。何しろ女は、いざというときになったら驚くほどの強さを発揮する。「あっちがダメならこっち」というくらいの感覚で変わり身をしながら人生を渡ることのできる適応力の猛者《もさ》なのだ。

もし、そういう女が叛旗《はんき》をひるがえすような事態になったら、男のプライドなど、問題解決の邪魔になるだけであって何の役にも立たない。

それは転職する時も同じだ。過去の職業や職種にこだわっていると、転職先はなかなか見つからない。全く違った仕事でも、チャレンジしてみる勇気と柔軟さがないと、生き残れない。やってみると、意外に今まで気づかなかった新たな才能を見いだすことだってあるはずだ。

だから、そんなに過去の栄光に囚《とら》われずに、環境の変化にしなやかに対応できるような生き方を、いまのうちから身につけておいたほうがいいと思う。

●「新生ニューロン」を増やそう

さて、ではどうすれば環境の変化に強くなれるのだろう。

それには脳に「新生ニューロン」を増やすことだ。

この新生ニューロンとは、読んで字のごとく脳内に新しく生まれるニューロン、脳の海馬においてさかんに生まれ変わっている脳神経細胞のことである。このニューロンは脳の柔軟性を高めるものであることがわかっている。そして、最近の研究では、このニューロンを増やすことが環境の変化に対する適応力をつける鍵《かぎ》なのではないかと注目されている。

ちなみにこの新生ニューロンは、何か新しいことを学び取ろうとしたり、何かひとつのことに夢中になったりすることによって、より生まれやすくなるらしい。新たな勉強や習い事に目覚めたり、いままでやったことのなかった趣味やスポーツに夢中になったりすることが、頭をやわらかくすることにつながるというのである。つまり、いくつになっても大切なのは勉強。環境の変化に強い脳にするには、たとえ中高年になっても子供のような好奇心を失わずに、新たな学習にチャレンジする姿勢が必要だというわけだ。

いいことに、男の脳は、何事も夢中になると、それをつきつめずにはいられない傾向が強いので、こうしたチャレンジには向いていると言える。だから、あなたもひとつ、新しい習い事でも始めてみてはどうだろう。最近は大人の趣味のための展示会まで開かれている。行ってみると、少年時代に戻れるかもしれない。

そうやって普段から意識して脳に新しい風を入れていれば、きっと新生ニューロンが柔軟性の高い脳をつくってくれるに違いない。そうすれば、たとえ会社が倒産しようが、プライドを傷つけられようが、しぶとく生き残っていけるようなタフさがきっと脳についてくるはずだ。

これからの時代、女と肩を並べて太く長く生きていくには、そんな「強さ」を身につけておくことが男にも必要なのではあるまいか。

女だって定年後に夫にまとわりつかれるより、少年のようにキラキラした目で、趣味や習いごとに没頭してくれている方がずっと楽なのだ。

⑲ 女はなぜ、男のプライドを傷つける言葉を平気で言うのか？

●男が体面を保つのに言葉はいらない？

昔の男はあまりしゃべらなかった。その必要もあまりなかった。

女に対しても、「隣にいて、自分が話さなくとも何でもわかってくれるような存在」であることを求めていた。実際に、別に言葉にしなくとも、「阿吽《あうん》」の呼吸で相手が何を求めているかを察することができる、そんな夫婦が昔は結構存在していた。もちろん経済的基盤を夫に依存していたから、言いたいことも言わずに我慢していた妻も多かったに違いない。

だからこそ、男たちは多くの言葉を必要とせず、プライド高く生きられた。

昔はそれでよかった。

プライドが高いのにはホルモンが関係している。男性ホルモンのテストステロンが生存競争に勝ち残って、より誇り高く生きる道を選ぶよう男たちを促しているのだ。その誇りを示し、男の体面を保つためには言葉はいらない。ただ、狩りで獲《と》った肉を、仕事で得た金を、家に持ち帰りさえすればそれでいい。別に言葉で説明をしなくとも、行動によって自分の存在価値を示していれば、それでよかったのだ。

だが、現代ではそうもいかない。

女が自力で稼ぐのが当たり前の時代になり、男は肉や金を持ち帰ってさえいればいいというわけにはいかなくなった。女は対等にコミュニケーションをとることを求め、男の側にも、行動だけでなく言葉でもって体面を示す必要が出てきた。「言わなくても当然わかってくれると思っていた」なんていう言い草はもう通用しない。女は何事も言葉にして言わなければ納得をしないようになり、もともとしゃべるのがあまり得意ではない男の脳は、まるで「口から先に生まれてきたかのような怪物」と対等にやり合わねばならない立場に陥った。

しかし、口では女にかなわない。現代の男たちは、女と面と向かってしゃべり合ううちに、何だか元気がなくなってきた。口も行動も、男の体面を保つのに十分な手段とは言えない。では自分たちは、いったいどうやってプライドを保ち、どうやって自分の存在価値を示せばいいのか——男たちには、それがよくわからなくなってきたのではないだろうか？

それにしても、どうしてこんなことになってしまったのか。

女の社会的地位が向上し、家庭や職場で男と対等にものを言えるようになったのはたいへん喜ばしいことだ。だが私は、男たちに元気がなくなってきた原因のひとつは、やはり女の男に対するコミュニケーションのとり方にあるのではないかと考えている。

そもそも、男と女とではコミュニケーションに求めているものがまったく違う。

女にとっての言葉は相手と共感するための手段だが、男にとっての言葉は相手を説き伏せてプライドを守るための道具だ。そして、女が繰り出す言葉は、ときとして男の弱みをさらけだすことにもつながる。

その言葉の「怖さ」に女は気づいていない。自分の言葉が男のプライドを傷つけていることに女は気づいていないのだ。

●男は自分の弱さを指摘されたくない

言葉とは、自分の感情や考えを相手に伝えるための道具だ。

だが、男と女とでは、この道具の使い方からして違っている。

先に女は「開いた脳」、男は「閉じた脳」だと言ったが、女の場合はこの言葉という道具を、脳のふたを開け、自分を見せるために用いる。一方の男の場合はこの道具を、脳のふたを閉め、自分を守るために用いる——それくらい違っているのではなかろうか。

それはおそらく、自分の「弱み」を見せることに対する抵抗感に差があるせいだろう。女の場合、自分の弱みを相手に見せることはそれほど不快ではない。カウンセリングでも自分のつらさや弱さを積極的に打ち明けようとする患者さんが多いことはすでに述べた。このことからもわかるように、女にとって弱さを見せることとは、相手に共感をしてもらうための手段のひとつである。それに弱みを見せることは、女にとって相手の気をひきつけるために欠かせない武器でもある。それによって、助けてもらえるかもしれないからだ。だから、言葉によって弱い自分をさらけだすことをためらわないのだ。

だが、男はそうはいかない。

男の場合、先にも述べたようにカウンセリングでなかなか話をしてくれないケースが多い。自分の弱い部分に触れられること、自分の弱さを指摘されることにたいへん強い不快感を抱いているのである。それはもう、恐怖感に近いといっていいだろう。テストステロンによって誇り高く設定された男にとって、自分の弱みを相手に握られることは、致命的な事態を招きかねない。もし、「弱い」というレッテルを貼られてしまったら、いままで築いてきた自分の地位が脅かされ、生きていけなくなるかもしれないのだ。そのため男は、弱点を知られたら、自分はもうおしまいだというくらいの危惧《きぐ》感を常に抱いている。だから、その弱点を悟られないよう、注意深くガードをしながら話をする必要があるのだ。

つまり、女はふたを開いて自分の弱みを見せながら話すことに抵抗がないのだが、男は何としても自分の弱みを見られたくない。だから、ふたを閉めてそれを見られないようにして話すのである。だから男の話はディフェンシブではなくオフェンシブなことが多い。

●女は知らず知らずのうちに男のプライドを傷つける

男は決して他人に触れられたくないナイーブな部分を持っている。もし、それを表沙汰《おもてざた》にされようものなら男は面目丸つぶれ。衆目の面前で素っ裸にさせられたような恥ずかしさだ。

だから、男は普段、それをしっかりとガードしている。他人に手を触れさせないのはもちろん、自分でも触れないで済むのであれば触れないまま済ませたい。思い出すのも嫌、言葉にするのも嫌、それを書いている自分はもっと嫌である。そこで、ふたをしてそっと奥のほうへしまい込み、なるべく見ないようにする。そして、見かけは態度も表情も誇り高く振る舞って、弱く、もろい部分などまったく存在しないかのように見せかけるのだ。

このような無意識の用心深さは、もちろん話し方にも表れる。

男には「そんなこと話したらヘンに思われるんじゃないか」とか「そんなことを言ったら弱いと思われるんじゃないか」「頼りなく思われるんじゃないか」といった思いを強く抱いている人が少なくない。中でも、自分の心の内を他人に打ち明けるときにはたいへん強い警戒感を持つものだ。

たとえば、ひそかに好意を寄せていたことを女に打ち明ける、仕事で失敗をしたつらさを妻に打ち明けるといったように何か大切な気持ちを女に伝えるとき、男は相当な決意を要するのではないか。男にしてみれば、それは「そっとしまっておいた自分の弱さ」の一端を見せることにほかならない。きっと、清水《きよみず》の舞台から飛び降りるような一大決心といっても大げさではないのではないか。

しかし——。

女は、男がこのように自分の心情を伝えることにエネルギーを割いていることを意外と知らない。男はかなりの覚悟を決めて話しているのに、女は、その話をそれほどでもないことと捉えてしまう。「それがどうかしたの」という顔をしたり、「そんなの、気にすることないわよ」と軽く言ってしまう。男はきっと、敗北感を持ち、自分の弱みをちらりとでも見せてしまったことを後悔してしまうのだろう。

そして、そういう苦い体験を何度か繰り返すと、男は「女に自分の心情をさらすなんてもうこりごりだ」と思い、女とコミュニケーションをとる際に身構えながら話すようになったり、女とコミュニケーションをとること自体が嫌になってしまうこともあるだろう。

中には「女の言葉は自分を傷つけるもの」という先入観を抱いてしまう男もいるだろう。自分が必死に守っているナイーブな部分に、女がズカズカと土足で入ってくることが耐えられないのだ。

別に女の側としては、ごく普通に受け答えをしているつもりかもしれない。

だが、そもそも男と女とでは話すことに対するハードルの高さが違う。女にしてみれば普通の話をしているようでも、男はたいへんな思いをして話しているということが少なくないのだ。その思いをわからずして、「相手は自分と同じように話すもの」という前提のもとに話してしまうと、女の繰り出す言葉が知らず知らずのうちに男を追い込んでいってしまうのだ。

●男は心のもやもやを言語化することができない

ところで、この本の最初のほうで、男と女とでは感情を処理するときの脳の場所が違うと言ったことを思い出してほしい。男は扁桃体《へんとうたい》でストレスを受け止めるのに対し、女は年齢とともにストレスを受け止める場所が扁桃体から大脳皮質に移行する——という話である。

この研究結果を当てはめれば、男が自分の感情をなかなか言葉にできないことにも説明がつく。

女はストレスを大脳皮質で受け止めているから、どう感じたかを言葉にしやすい。そして言葉にしやすいからストレスを発散しやすいといえる。

それに対し、男はストレスを扁桃体で受け止めている。これは「何となく嫌だ」と本能的に持つ不快感であり、そのときどう感じたかを言葉として表現するのがなかなか難しいものらしい。しかも、男はその「何となく嫌だな」という気持ちを、自分の中で言葉にしたり振り返ったりせずに、わりにたやすく見過ごしてしまうようだ。そして、そのもやもやとした感情を外に吐き出すことなく、心の内にため込んでしまうのだ。

つまり、男の脳は概して自分の感情を言語化するのが苦手であり、そのためストレスに気づきにくくできているのであろう。

だが、気づかないからと問題を放置していると、後でとんでもないことになる。男はたいてい、ストレスが自分の心身を蝕《むしば》んでいることを認めたがらない。人に助けを求めたり、話を聞いてもらったりするのは男のプライドが許さないし、それをどう説明していいかもよくわからない。そして、ストレスに見て見ぬフリをしているうちに、それを手がつけられないほど大きくしてしまう。ストレスによって過労死や突然死を起こす人が男性に多いのもこのためだ。

さらに近年増加している自殺も圧倒的に男性のほうが多い。また自殺者総数は平成9年から18年までの10年間で2万4391人から3万2155人と約8000人増えているが、その増加分の約半数は50歳以上の男性である（「平成10年警察書」「平成18年中における自殺の概念資料」警察庁）。

ストレスを言葉にして吐き出すということに慣れていないために、自分でも気づかないうちにいつの間にか最悪の事態を招いてしまうのであろう。

また、男の場合、言葉に言い表せないこうしたもやもやがたまると、それが怒りや暴力に転化する場合もある。近年、青少年のキレやすい心理傾向やひきこもり青年の家庭内暴力、また妻に対する夫のドメスティック・バイオレンスがここ数十年増加しているのも、それも、男脳が扁桃体で感情を処理し、大脳皮質まで達しない、「心のもやもやを言語化するのが苦手な脳」であることが少なからず関与しているのではないだろうか。

●男のプライドを侵害するのは「セクハラ行為」と同じ

これからの時代、男は寡黙なままではどんどん生きにくくなっていくことだろう。もう昔のようにはいかない。だから男は、もっとコミュニケーションスキルを鍛えたほうがいい。そういうスキルは自己表現の武器になる。その武器を持てば、たとえ言語化が苦手な脳でも問題ない。きっと、自分の弱みやもろさを見せずとも相手と堂々と渡り合えるようになるはずだ。

それに、やはり普段から自分の感情を言語化する努力をしたほうがいい。誰かに話したり日記につけたりして言葉にしてみれば、もやもやとした気持ちの裏側にさまざまな理由が見えてくるはずだ。自身のストレスコントロールのためにも、ぜひそうした習慣を身につけるとよい。

また、女のほうは、もっと男のプライドを理解する必要がある。

男にだって、そっとしておいてほしい部分や触れてほしくない部分がある。それを無視して言葉のマシンガンを撃ち込み続けると、それを撥《は》ね返すために、シールドのように男の脳は閉じていく。それは男を窮地に追い込むことになる。相手の気持ちを読みとることにたけている女ならこそ、その限界点を知るべきだ。

男のプライドを傷つけるのは、女が男にセクハラを受けるようなものだと思っていればまず間違いない。女がセクハラまがいの発言に過敏に反応するのと同じように、男は自身のプライドを冒されるような発言に過敏に反応するものなのだ。

考えてみれば、男の側は、女に対して言ってはならないタブーの数々をすでにかなりよく心得ている。セクハラ発言がいかに女の顔をしかめさせるものであるかも身にしみてわかっている。

だが、それに比べて女の側は、男に対して言ってはならないタブーがしっかりと頭に入っていると言えるだろうか。何の気なしにズケズケと男の土俵に立ち入ってはいないだろうか。

現代の女たちはそこのところを少し反省する必要があるのではないかと私は思う。

今、銀座のカリスマママが、女たちに人気があるのも、男の心理を知りつくした彼女たちの発言が、男との距離感を測れないで立往生している女たちに、新鮮な言葉として頭に入っていくからだろう。

●男の自尊心と女の自尊心

この世には男と女しかいない。

男は男性ホルモンのテストステロンにナビゲートされ、プライド高く生きることによって自尊心を満たすことができる。女は女性ホルモンのエストロゲンにナビゲートされ、美しく生き長らえることによって自尊心を満たすことができる。

私は、男と女がうまくいくかいかないかは、結局この「自尊心」を満たすことができるかどうかにかかっているのではないかと思う。

お互いの存在と役割を尊重し、互いに自尊心を満たすことができるなら、そのカップルは末長くいい関係を維持することができるだろう。

だが、テストステロンにナビゲートされた自尊心とエストロゲンにナビゲートされた自尊心は、往々にして食い違う。何を大切に感じ、何を求め、どう生きていくかといったことにだんだんズレが生じてくるのだ。お互いに自尊心が満たされない不満を抱え、自分の欲求ばかりを主張していては、どんどんズレが広がってしまうに違いない。そして、このままズンていっては、もう自尊心を保つことができないとどちらかが感じたとき、「別れ話」が持ち上がるのではないだろうか。

つまり、別れるか、別れないかということも、男と女の脳がその自尊心をどれだけ保てるかにかかっているのではないかと思うのである。

⑳ 男と女の幸せを維持することはできるのか？

●ストレスを感じたときにほしいものは、男女一緒

電通消費者研究センターが20～69歳までの男女1000人に行ったストレスに関するアンケートがある。その中で、しばしば注目してほしい結果があった。

まず、ストレスの原因。

女性　20代………仕事の人間関係　将来不安
30代………金銭的な問題　子ども
40～60代…配偶者

男性　20代………仕事の重圧　人間関係　将来不安
30～50代…仕事の重圧　人間関係
60代………配偶者

次に、ストレスに対処するためにしたい（されたい）こと。

女性　20代………共感されたい　人とつながりたい　愛されたい
　　　30代………休みたい　遊びたい　発散したい
　　　40代………一定の傾向なし
　　　50～60代…自然の中に身をおきたい

男性　20代………共感されたい　人とつながりたい　愛されたい
　　　20～40代…休みたい　遊びたい　発散したい
　　　50～60代…身体を動かしたい　自然の中に身をおきたい

ストレスの原因は、男女共よく理解できる。60代ではストレスの原因が男女共「配偶者」というのが面白い。男と女は長年一緒に暮らすと、だんだん嫌になるのだ。この年代では、男女とも「自然の中に身をおきたい」というのもうなずける。ただし、女の場合は、自然の中に行きたいが、また帰ってきたい。それは、先ほど述べた。

そしてストレスを感じた時ほしいもの。20代女性の答えは「共感されたい」「人とつながりたい」「愛されたい」。想像できる答えだ。

20代男性の答え「共感されたい」「人とつながりたい」「愛されたい」。え？　女性と同じ？　この答えには一瞬とまどった。そうか、いくら競争が好きな男性でも孤立無援の闘いは誰もしたいと思っていない。男だって一緒に闘いをしていく連帯感がほしいのだ。

高校野球を見ていても、少年たちは口々に言う。試合の勝ち負けよりも、「この仲間とできるだけ長く野球をしたい」「みんなともう一緒に野球ができないのが悲しい」。そして、寮を出て行く3年生を見送る2年生が涙を流している。

男の叫びは、しばしばアスリートの口を通して漏れ出ることがある。

●アスリートに必要なのは自分を受け止めてくれる相手

2001年、2005年世界陸上400メートルハードル銅メダリストの為末大選手は、陸上競技という日本ではマイナーなスポーツにおける、偉大な選手である。スポンサーがつきにくいこのスポーツで競技生活を続けていくために、海外のレースで賞金を稼ぎ、証券取引で資金を作り、コーチに師事せず、一人で練習計画を立て自己調整を図りながら「自己プロデュース」するという、自給自足の生活をしていた。その為末選手が2007年世界陸上大阪大会で予選落ちした。その時のコメントが痛々しかった。

「いまの状態じゃ、決勝で戦えないとわかっていて、それでも『メダルを取る、決勝に残る』と言い続けるのがつらかった」

「自分にはコーチがいない。吐き出す相手がほしかった」

陸上競技は孤独である。マゾヒスティックと思えるようなハードな練習を自分に課し、苦しさを分かち合える仲間はいない。周囲は皆敵である。どんなに天才ハードラーであっても、どんなに「男は一匹狼」であろうとも、人間は自分を受容してくれる相手、共感してくれる相手が必要なのだ。それは、男も女もかわらない。

トップアスリートには、必ず優れた指導者がついている。陸上短距離の末續慎吾には、高野進コーチが、水泳の北島康介には、平井伯昌コーチが、マラソンの高橋尚子には小出義雄監督がいた。指導者は、技術の指導だけでなく、選手の精神的な支えでもある。

●大五郎がすべて受け止めた「ちゃん」の苦しみ

「一匹狼」で思い出したことがある。劇画及びテレビドラマ「子連れ狼」の拝一刀《おがみいっとう》はなぜ、息子の大五郎をずっと一緒に連れていたのか？　その必然性はどこにあるのか？　刺客を生業とするには、小さな子どもは足手まといだし、何よりもあの大きな箱車（乳母車）は目立ちすぎる。その証拠に大五郎は、栄養失調で病気になったり、父とはぐれたりする。女だったら、こんな危険な旅に子どもを連れていかないだろう。

もちろん、妻・薊《あざみ》をはじめ拝一族は、柳生《やぎゅう》一族によって皆殺しにされてしまったから、預ける先がないとか、たとえ里子に出しても、敵に発見されて殺されてしまう危険があるとか、逆に子どもを連れていた方が怪しまれないとか、大五郎を跡継ぎとして立派に育てなければならないとか、理由はいろいろあるだろう。しかし、私は拝一刀と大五郎の精神的関係性に着目している。

長い長い復讐《ふくしゅう》の旅は孤独だ。男だって寂しくなるし、自分の目的の正当性に疑問を持ったり、その困難さにくじけそうになったりするだろう。そんな父親の気持ちをすべて受容、共感し、愛し続けたのが大五郎である。大五郎は、ほとんど言葉を発しない。発する言葉は「ちゃん」だけだ。彼にはすべてがわかっているから言葉はいらない。逆に言えば、こういう生き方をしなければいけない自分の苦しみも悲しみも生き様すべてを大五郎が受け止めてくれるから、拝一刀は旅を続けることができたのだと思う。

だから大五郎は何年たっても大きくならない。成長したら、自我が芽生えて、親に口答えをするし、思春期になったら、親父《おやじ》批判だって始まる。そうなったら、拝は復讐の旅を続けていくことが困難になる。だから大五郎は3歳のままだ。大五郎がやっと5歳になるのは「ちゃん」が死んでからである。当然、大五郎は父親の遺志を何の疑問もなく継ぐ。

そして拝は、決して女を抱かない。大五郎の手前できないということもあるのだろうが、基本的に大五郎によって癒《いや》されているからだ。妻・薊への貞操を守り抜くストイックな拝の性格は、大五郎によって守られているのである。

多くの男は、女に受容、共感を求める。自分がやっていることの意味を何も言わなくてもわかっていてほしいと願っている。それは、精神的にも、肉体的にもだ。年齢を経ると時としてそれは、依存にかわる。妻が実家に帰っただけで、夜眠れなくなる中高年の男もいる。

「共感されたい」「人とつながりたい」「愛されたい」は、もう一度言うが、男も女もかわらないのである。しかし、男はそれを口に出して言わないから、女にはわからないだけだ。

男はストレスに弱いのに、それに気がつかない。実際痛みに関しては、女性よりも鈍感だ。しかも感情を表面化しないから、他人にはわからずストップがかかりにくい。

ストレスがかかると男の脳は閉じる。しかし、完全に閉じてはいけない。わずかな隙から、受容、共感を求める声が聞こえてくる。女はその隙を見逃してはいけない。声を聞き逃してはいけない。弱音は吐いてもいいのだ。「辛い」と言ってしまえば楽になる。さらけ出してしまえば、そこからまたリセットされるのだ。弱音を吐いた後の女のしたたかさを見ればわかる。女は男の脳のシールドを完全に閉じさせてはいけない。自分がつっかえ棒になればいいのだ。その隙から少しずつ開いてくるのを待つのだ。

閉じようとする男の脳をむやみにこじ開けようとすると男は抵抗すると前に書いた。どこまで閉じたら危険なのか、その限界点を知らせるのは女の役目だ。だから、女はその情報量の多い脳で男の脳の中をよく見てほしい。そして、男を守るのである。それが女としての成長である。

では、男の成長はどこにあるのか。私はその答えをテレビドラマ「冬のソナタ」の中に見出《みいだ》した。

ペ・ヨンジュン扮するミニョンがチェ・ジウ扮するユジンに聞いた。

「どうして僕が好きになったの？」ユジンは答えた。

「あなたは、その時その時私が最もほしいと思っているものを差し出してくれた」

女にはこの優しさがたまらない。

そして、ユジンが迷っている時のミニョンのセリフ。

「人生には、別れ道に立つ瞬間ってあるでしょう？　決められない時には、手を引かれたほうに行くのもいい。こんな風に……」

と、勝手に手を引いていってしまう強引さ。

この一見矛盾するような優しさと強引さ。それは、決断力であり、危機対応能力である。

男は短期間の強いストレスにはめっぽう強いのだ。アキバ系オタクの「電車男」が主人公「エルメス」をゲットできたのも、エルメスを助け出す勇気と、彼女に対する究極の優しさがあったからだ。

実は、女が男に期待するものはかなり多い。男に出会った時、それはほとんど妄想のようにふくらんでいる（それはお互い様かもしれないが……）。開いた脳から放出されるその期待と希望に一つ一つ答えようと努力することが男の成長である。

●相手の性を尊重した関係を結ぼう

また、以前に「男は助ける性」であり「女は助けられる性」であると述べたことを思い出してほしい。

先に述べたように、いつの時代も男は「困難に立ち向かう英雄」である役割を望み、女は「王子様に助け出されるお姫様」である役割を望んでいる。その「助ける」「助けられる」という相互関係が男と女との間に成立していれば、そのカップルは長く幸せを維持することができるだろう。つまり、男は「女を助けている」という意識を持つことによって、より誇り高く生きることができ、女は「男に助けてもらっている」という意識を持つことによって、より男らしく、より美しく輝くことができるのだ。つまり、男はテストステロンを刺激されてより男らしく、女はエストロゲンを刺激されてより女らしく生きることができるのである。しかもその関係が成立する裏には、女は「男を助け」、男は「女に助けられている」という相互関係が成り立つことが必要である。

男と女がお互いの役割を尊重していれば、ともに自尊心を傷つけることなく一緒に生きていくことができる。すなわち、相手の「性」とその「役割」をきちんと認め、それを尊重してこそ、男と女はお互い理解し合えるようになるのである。そして、お互いに助けられて生きているのだという、相手に対する感謝の気持ちを忘れてはいけない。

この尊重し、認め合い、感謝する努力を怠りさえしなければ、男と女は、感情や生き方の擦れ違いによる「別れ」をもっと減らすことができるのではなかろうか。自分に都合のいい欲求ばかりを主張して不満を募らせることも少なくなるのではなかろうか。

どちらかが、どちらかを支配する関係であってはならない。どちらも助け合って生きていくのである。

私はそう望みたい。

現代は、男と女が自分側に都合のいいほうへばかり物事を運ぼうとして、擦れ違いの幅をますます大きくする方向にだらだらと流されてきている気がする。そんな時代だからこそ、いま、男と女はお互いの与えられた性の在り方や役割をしっかり見直す必要があるのではないだろうか。

この世には男と女しかいない。

女から輝きを奪ってしまうのは男の責任だ。

男を萎《な》えさせてしまうのは女の責任である。

しかし、責任のなすりつけを始めてもしょうがない。大切なのはお互いのすべきことを見直し、話し合うことだ。きっと、あなたのそばにも大切にしたいパートナーがいることだろう。ぜひ、この本を読み終わった後で、そのパートナーのことを改めて見つめ、見直し、話しかけてほしい。

きっと、いままでは見えなかったものが見えてくる。そして、そこにいままでとは違った関係を生みだすことができるのではないだろうか。

あとがき

「私、エレガントな診療できないかしら」

ある日、同じ医師である私のパートナーに聞いてみた。

サッカー日本代表イビチャ・オシム監督の「エレガントな試合がしたい」をもじったものである。

「エレガントな医療なんてない！」

彼は一蹴した。

それはそうだ、病気とケガは時と場所を選ばないし、医療が人の粘膜を観察し、排泄《はいせつ》物を取り扱う仕事である限り、そこには「エレガンス」は存在しない。ある意味、医療はパワープレイであり、ハードワークである。

男と女の関係も同じだと思う。異生物としかいいようのない2人が、お互いに予測と全く違った感情と思考を持ち、行動をするのだから、エレガントな対応なんかそうそうできるものではない。

　では、スマートな医療はできるだろうか。これもなかなか難しい。患者の個体差は大きく、医学書に書いていないことが起こるのは日常茶飯事である。そんな時、困ったそぶりを見せず、相手も自分も納得するような、それなりの対応ができるようになるまでには、何十年もかかる。いや、一生なれないかもしれない。医学にはわかっていないことの方がずっと多いからだ。だから医師は生涯勉強しなければならない。

　男と女の関係も全く同じである。個体差は大きく、わからないことばかりである。だからといって、そのままでいいはずはない。

　可能な限りエレガントに、できうる限りスマートに対応できれば、男と女の仲は平和に近づき、人生は楽しいものになる。

　そのためには、やはり勉強が必要だ。一生かかって勉強しよう。男のこと、女のこと。知らないことを知るのは大きな喜びだ。


　最後にこの本を書くにあたりお世話になった方々に感謝します。前作に引き続き、この本を企画してくださった角川書店の栗原優氏のスマートな演出によって執筆はスタートし、藤田有希子氏、永井編集長には最後まで励まされました。そして、いつもジェントルな高橋明氏には今回も資料収集に協力していただきました。あらためて心からお礼申し上げます。

二〇〇七年十月

姫野友美

参考文献

『男の子の脳、女の子の脳』レナード・サックス著／谷川漣訳　草思社
『図解雑学　恋愛心理学』齊藤勇著　ナツメ社
『男が知りたい女の脳、女が知りたい男の脳』アレン・ブラグドン著／五十嵐哲訳　ＰＨＰ研究所
『恋愛脳―男心と女心は、なぜこうもすれ違うのか』黒川伊保子著　新潮文庫
『恋のカラクリ』竹内久美子著　宝島社
『脳の進化学　男女の脳はなぜ違うのか』田中冨久子著／中公新書ラクレ

姫野友美（ひめの・ともみ）

医学博士、心療内科医、ひめのともみクリニック院長。日本薬科大学漢方薬学科教授。静岡県生まれ。東京医科歯科大学医学部卒業。ひめのともみクリニックで多くのビジネスマン、ビジネスウーマンの診療とカウンセリングを行っている。テレビ東京「主治医が見つかる診療所」、BS-i「健康トリプルアンサー」などのコメンテーターとしてもおなじみ。著書として『女はなぜ突然怒り出すのか？』『女はなぜダメ男にはまるのか？』『「疲れがなかなかとれない」と思ったとき読む本』などがある。

ひめのともみクリニック　http://himeno-clinic.com/

男《おとこ》はなぜ急《きゅう》に女《おんな》にフラれるのか？

姫野《ひめの》友美《ともみ》

二〇〇七年十月十日　初版発行

発行者　井上伸一郎

発行所　株式会社角川書店
〒一〇二―八〇七八
東京都千代田区富士見二―十三―三
電話／編集　〇三―三二三八―八五五五

発売元　株式会社角川グループパブリッシング
東京都千代田区富士見二―十三―三
〒一〇二―八一七七
電話／営業　〇三―三二三八―八五二一

http://www.kadokawa.co.jp/

装丁者　緒方修一（ラーフイン・ワークショップ）
印刷所　暁印刷
製本所　BBC

角川oneテーマ21　B-100

ISBN978-4-04-710114-2 C0295